# 知りたい！カーボンニュートラル

## 脱炭素社会のためにできること

② これからどうする？
日本と世界の取り組み

監修 藤野純一

公益財団法人地球環境戦略研究機関
サステイナビリティ統合センター
プログラムディレクター

あかね書房

# もくじ

知りたい！ カーボンニュートラル

脱炭素社会のためにできること

2巻／これからどうする？ 日本と世界の取り組み

## 第1章 地球温暖化をふせぐために世界が協力するしくみって？

## 第2章 どうやってカーボンニュートラルを実現するの?

## 第3章 地球はこれからどうなるの?

# この本の使いかた

『知りたい！ カーボンニュートラル』は、日本が 2050 年に達成をめざしているカーボンニュートラルをテーマに、地球温暖化のしくみや気候変動の影響、世界や日本の取り組みを知るとともに、わたしたちにできることを見つけ、考えるためのシリーズです。

## 知りたい！ カーボンニュートラル ～脱炭素社会のためにできること～

### 1巻
#### ここまできている！ 地球温暖化
地球温暖化のしくみと、地球温暖化によって起きている・これから起こるさまざまな影響を紹介しています。

🔑 キーワード
#地球温暖化  #温室効果ガス
#二酸化炭素（CO₂）  #化石燃料
#気候変動  #海面上昇

### カーボンニュートラルって？
地球温暖化をふせぐために、人間が排出した二酸化炭素（CO₂、カーボン・ダイオキサイド）などの温室効果ガスの量と、木を植えるなどして吸収したり、取りのぞいたりした温室効果ガスの量を同じ(ニュートラル)にすることだよ。くわしくは P.18 を見てね！

### 2巻
#### これからどうする？ 日本と世界の取り組み
2015年に採択されたパリ協定の内容や、カーボンニュートラルのくわしい解説、世界や日本の具体的な取り組みについて紹介しています。

🔑 キーワード
#カーボンニュートラル  #パリ協定
#再生可能エネルギー  #電気自動車
#緩和と適応

### 3巻
#### 学校や家庭でできること どう買う？ どう使う？
温室効果ガスを減らすために知っておきたい「カーボンフットプリント」という考えかたや、わたしたちが買うとき、使うときにできる具体的な取り組みを紹介しています。

🔑 キーワード
#カーボンフットプリント  #省エネ  #節電
#消費  #環境ラベル  #シェアリング

### 4巻
#### 学校や家庭でできること どう捨てる？ どう行動する？
温室効果ガスを減らすために、わたしたちが捨てるときにできる具体的な取り組みや、家庭や学校で実践するときのポイント、社会を変えるためになにができるかを紹介しています。

🔑 キーワード
#ごみ  #リサイクル  #プラスチック
#ESG  #SDGs  #ボランティア

2巻のテーマであるカーボンニュートラルについて理解するためには、地球温暖化について解説している1巻を先に読むのがおすすめだよ。そのあと3巻や4巻を読んで、具体的な行動につなげよう！

# 2巻の使いかた

## 第1章「地球温暖化をふせぐために世界が協力するしくみって?」

地球温暖化をふせぐための世界的な取り決め、パリ協定について、発効までのあゆみや、おもな内容、各国の目標について紹介しています。

## 第2章「どうやってカーボンニュートラルを実現するの?」

多くの国が2050年に実現すると宣言しているカーボンニュートラルとはなにか、また、カーボンニュートラルをどのような方法で実現するのか、日本の取り組みと課題もあわせて解説しています。

## 第3章「地球はこれからどうなるの?」

今後も地球温暖化が進み、気候変動の影響が増していくなかで必要だとされる「適応」とはなにか、具体的な取り組みの例とともに紹介しています。

タイトル　　　　　　　　見出し　解説

グラフや表

グラフや表の出典

コラム

見開きであつかうテーマとつながりの深い知識や情報を紹介しています。

もっと知りたい!

よりくわしい内容やしくみ、データなど

### 表記やデータについて

● 言葉のあとに「→P.○」や「→○巻」とある場合は、そのページや巻に言葉のくわしい解説があることをしめしています。
● グラフや表では、内訳をたし合わせても合計と一致しないことがあります。これは、数値を四捨五入したことによるものです。

## はじめに

　いまから約200年前の19世紀初め、フランスの科学者ジョゼフ・フーリエは、「温室効果（地球の表面で反射された太陽光の一部が大気中の物質に吸収され、地表や地表付近の大気をさらにあたためる現象、→1巻）」を発見しました。1859年、アイルランドの科学者ジョン・ティンダルは、水蒸気・二酸化炭素（$CO_2$）・メタンがおもな温室効果ガスであることをつきとめ、温室効果ガスを大気に排出すると地球の気候を変えるかもしれないと発表しました。当時の日本は江戸時代、世界ではイギリスで産業革命がはじまったころで、人間の活動が地球温暖化を引き起こす前のことでした。

　そして2021年、世界の科学者1300名以上が協力して作成したIPCC（気候変動に関する政府間パネル）の第6次評価報告書によると、地球の平均気温は産業革命からすでに約1.1℃上がっていること、「人間の影響が大気、海洋および陸域を温暖化させてきたことにはうたがう余地がない」ことなどが明らかになりました。2021年11月にイギリスのグラスゴーで開催された「国連気候変動枠組条約 第26回締約国会議（COP26）」では、世界のリーダーたちが気温の上昇を産業革命から1.5℃（つまり、いまからあと0.4℃！）までにおさえることで合意し、2050年までに温室効果ガスの排出量を実質ゼロ（カーボンニュートラル）にすることを共通の目標にしました。それはIPCCによる「地球の平均気温を産業革命から2℃上昇させてしまうと、『将来世代』に深刻な影響をあたえる可能性が高いが、1.5℃の上昇におさえればその影響をもっと下げることができる」という指摘を重く受けとめたからです。

　「将来世代」とは、だれのことでしょうか？ それは、この本を手に取っているみなさんのことであり、そしてその次の、さらにその先の世代のことです。2巻では、地球温暖化をふせぐための世界的なわく組みであるパリ協定や、カーボンニュートラル実現のためにどんなことができるのかについて、くわしく解説しています。この本を通じて、みなさんが日本や世界の取り組みを知るとともに、みなさんのまわりの人（とくに大人）たちの取り組みを冷静に分析し、未来に向けてよりよい活動ができるような「ものさし」を手に入れるきっかけになったら、望外のよろこびです。

　さぁ、いっしょに、カーボンニュートラルに向けた旅に出発しましょう！

### 監修／藤野純一

公益財団法人 地球環境戦略研究機関
サステイナビリティ統合センター
プログラムディレクター

## 第1章

# 地球温暖化をふせぐために世界が協力するしくみって？

　1巻を読んだキミは、地球温暖化で世界がたいへんなことになっているのに、大人たちはなにをしているの!? って思うかもしれない。その通りだけれど、大人たちも、なにもしてこなかったわけじゃないよ。地球温暖化が世界的な問題だと考えられるようになった20世紀後半以降、世界的な機関や会議が設けられ、話し合いや研究が進んだ。2015年にはパリ協定という条約が採択され、世界全体でカーボンニュートラルをめざして取り組んでいる最中なんだ。パリ協定やカーボンニュートラルについて、どうしてそのような取り決めや考えかたが生まれたのか、世界の温室効果ガスの排出量や、歴史もふまえて見ていこう。

# 0.5℃のちがいで未来が変わるってほんと?

## 1.5℃上昇と2℃上昇の世界

地球の平均気温が19世紀後半ごろとくらべて1.5℃上がった場合と、2℃上がった場合に起こることや、起こる確率の予測をしめしているよ。

出典:IPCC "Global Warming of 1.5℃" (2018), "IPCC Sixth Assessment Report"

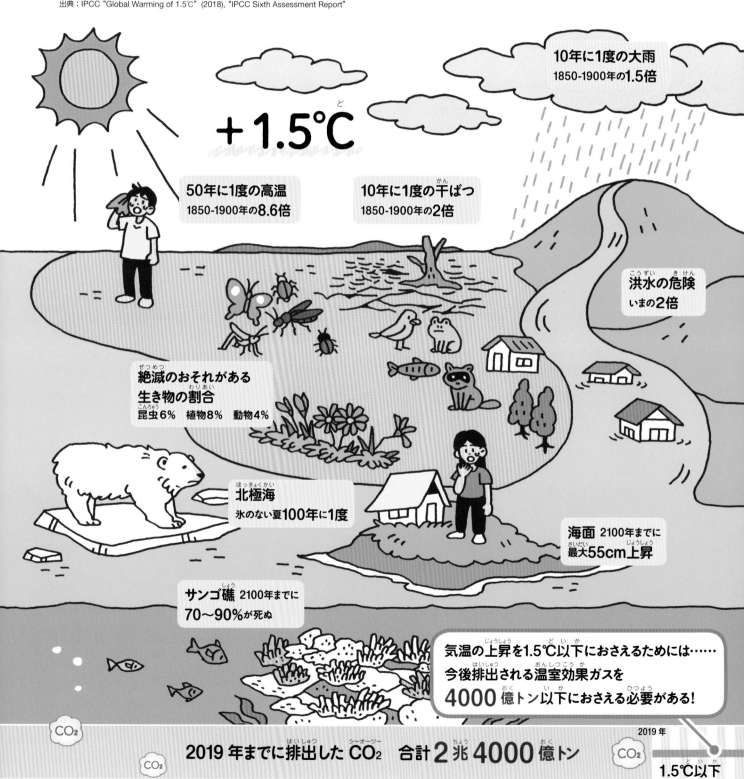

+1.5℃

10年に1度の大雨
1850-1900年の1.5倍

50年に1度の高温
1850-1900年の8.6倍

10年に1度の干ばつ
1850-1900年の2倍

洪水の危険
いまの2倍

絶滅のおそれがある
生き物の割合
昆虫6% 植物8% 動物4%

北極海
氷のない夏100年に1度

海面 2100年までに
最大55cm上昇

サンゴ礁 2100年までに
70〜90%が死ぬ

気温の上昇を1.5℃以下におさえるためには……
今後排出される温室効果ガスを
4000億トン以下におさえる必要がある!

2019年

2019年までに排出したCO2 合計2兆4000億トン

1.5℃以下

1兆

2兆

# 19世紀後半からの気温の上昇が 1.5℃か2℃かで地球の未来は大きく変わる

1巻では地球温暖化が起こっていること、気候変動による自然や人へのさまざまな影響をみてきたね。地球の平均気温は、1850〜1900年からいままでで1.1℃上がった。この気温の上昇が1.5℃以上になると、地球には取り返しがつかないほど大きな変化が起こると予測されている。1.5℃か2℃かで、未来は変わってしまうんだ。

気温を決めるのは、二酸化炭素（$CO_2$）を中心とした温室効果ガスの排出量だよ。気温の上昇を1.5℃以下におさえるためには、これから排出される$CO_2$を4000億トン以下におさえなくてはならないんだ！

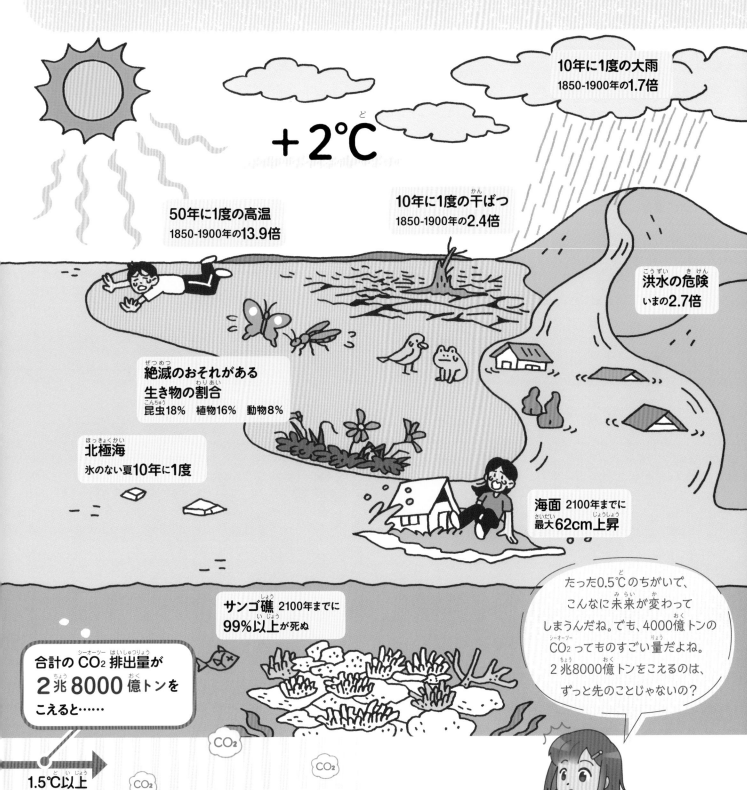

+2℃

10年に1度の大雨
1850-1900年の1.7倍

50年に1度の高温
1850-1900年の13.9倍

10年に1度の干ばつ
1850-1900年の2.4倍

洪水の危険
いまの2.7倍

絶滅のおそれがある
生き物の割合
昆虫18%　植物16%　動物8%

北極海
氷のない夏10年に1度

海面 2100年までに
最大62cm上昇

サンゴ礁 2100年までに
99%以上が死ぬ

合計の $CO_2$ 排出量が
2兆8000億トンを
こえると……

1.5℃以上

3兆

たった0.5℃のちがいで、こんなに未来が変わってしまうんだね。でも、4000億トンの$CO_2$ってものすごい量だよね。2兆8000億トンをこえるのは、ずっと先のことじゃないの？

# 世界の国別温室効果ガスの排出量（2019年）

国全体の温室効果ガスの排出量と、それを人口で割って出した1人あたりの排出量をしめしているよ。どちらも、国によって大きく異なるね。日本より国全体の排出量が多くても、1人あたりの排出量は日本より少ない国もあるよ。

＊土地利用と森林による排出量、吸収量をふくむ合計。

出典：Our World in Data based on Climate Analysis Indicators Tool (CAIT).
"Per capita greenhouse gas emissions"，"Total greenhouse gas emissions"

1人あたり
6.5トン

世界全体で…
497億5823万トン

1人あたり
8.4トン

[1位] 中国
120億5541万トン（24.2%）

1人あたり
2.5トン

[3位] インド
33億6360万トン（6.8%）

インドは国全体の排出量は世界で3番目に多いけれど、1人あたりの排出量は世界平均の半分以下だよ。

アメリカ合衆国の1人あたりの排出量は、世界平均の約2.7倍あるよ。

1人あたり
17.5トン

[2位] アメリカ合衆国
57億7100万トン（11.6%）

1人あたり
7.2トン

[4位] インドネシア
19億5971万トン（3.9%）

1人あたり
13.2トン

[5位] ロシア
19億2482万トン（3.9%）

# 2019年には世界でおよそ500億トンの温室効果ガスが排出された

2019年の1年間に世界で排出された温室効果ガスの量は、約500億トン。この排出量がつづけば、2027年ごろにはいままで排出された温室効果ガスの合計が2兆8000億トンを突破し、地球の平均気温の上昇が1.5℃以上になってしまうかもしれないんだ。温室効果ガスを多く排出している国は、中国やアメリカ合衆国、インドなど。日本も排出量の多い国のひとつで、1人あたりの排出量は世界の平均を上回っているんだ。

1人あたり
6.9トン

[6位]ブラジル
14億5163万トン（2.9%）

どうしてわたしたちの排出量はこんなに少ないんだろう。温室効果ガスをたくさん排出している国と、していない国のちがいはなんだと思う？

1人あたり
0.4トン

[139位]ガーナ
1275万トン

[8位]イラン
8億9378万トン（1.8%）

[10位]サウジアラビア
7億2315万トン（1.5%）

その他
197億639万トン（39.6%）

1人あたり
8.6トン

[9位]カナダ
7億7429万トン（1.6%）

ヨーロッパの国ぐには、10位以内には入っていないんだね。でも、1人あたりの排出量はどうだろう？

[11位]ドイツ
7億2023万トン

1人あたり
8.9トン

こんなに温室効果ガスを排出していたら、すぐに平均気温の上昇が1.5℃以上になってしまうよ。いったい、なにからこんなに排出されているの？

次ページへ！

温室効果ガスを
排出している原因は……

[7位]日本
11億3445万トン（2.3%）

# なにが原因で温室効果ガスが排出されているの？

## 世界の温室効果ガスの排出源（2019年）

すべての温室効果ガスの排出量を、CO$_2$に換算して割合をしめしたもの。エネルギーにかかわる排出が、全体の約4分の3をしめている。そのうちとくに割合が大きいのは電気や熱。ものを運ぶ輸送や、ものをつくる製造業や建設業も、多くの温室効果ガスを排出しているよ。

出典：Our World in Data based on Climate Analysis Indicators Tool (CAIT). "Greenhouse gas emissions by sector, World"

### 電気や熱
### 31.0%

火力発電（→1巻）で電気をつくる、ガスを燃やしてお湯をわかすなど、電気や熱を得るために化石燃料を燃やすことで排出される。

### 化石燃料からの漏出
### 6.7%

石炭を採掘するときに地中に埋まっていたメタンがもれ出てくる、天然ガスを運ぶパイプからもれるなど、化石燃料の採掘や加工、輸送、貯蔵のときに排出される。

### 建物
### 6.0%

家庭でガスコンロやガス給湯器を使う、商業施設でボイラー（ガスなどの燃料を燃やして水をあたため、温水をつくったり、空調に利用したりする機械）を使うなど、建物の内部で直接化石燃料を使うことで排出される。

### 製造業や建設業
### 12.3%

工場でものをつくる、建築現場で材料を加工するなどのために化石燃料を燃やすことで排出される。

### 輸送
### 19.1%

自動車を走らせるためのガソリンや、飛行機のジェット燃料など、石油などからつくられた燃料を燃やすことで排出される。

## エネルギーにかかわる排出 76.3%

# 温室効果ガス排出のおもな原因は 電気や熱をはじめとしたエネルギー

国ごとに温室効果ガスの おもな排出源は異なる

家電製品を動かすためには電気が、お湯をわかすためには熱が必要だよね。このような、なにかを動かしたり、光や熱を得たりするために必要な「仕事をする力」のことを、エネルギーというよ。エネルギーはおもに化石燃料（→1巻）を燃やすことでつくられ、二酸化炭素（$CO_2$、→1巻）などの大量の温室効果ガスが排出されているんだ。このエネルギーにかかわる排出が、世界で排出されている温室効果ガスの大部分をしめているよ。エネルギー以外では、農業やごみなどから排出されているんだ。

● 3か国の温室効果ガスの排出源（2019年）

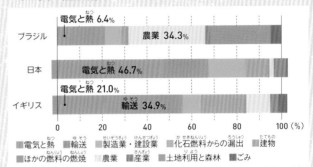

ブラジル　電気と熱 6.4%　農業 34.3%
日本　電気と熱 46.7%
イギリス　電気と熱 21.0%　輸送 34.9%

■電気と熱　■輸送　■製造業・建設業　■化石燃料からの漏出　■建物
■ほかの燃料の燃焼　■農業　■産業　■土地利用と森林　■ごみ

その国の自然や産業、くらしかたなどによって、温室効果ガスを排出するおもな原因は異なる。電気や熱以外が多い場合もある。
＊日本とイギリスは「土地利用と森林」がマイナスになっており、すべての割合を足すと100％となる。
出典：Our World in Data based on Climate Analysis Indicators Tool (CAIT). "Greenhouse gas emissions by sector, World"

## ほかの燃料の燃焼

### 1.2%

薪など、化石燃料以外の燃料を燃やすことで排出される。

エネルギーをたくさん使っているから、温室効果ガスが増えていくんだね。エネルギーをたくさん使っている国が、減らすようにすればいいんじゃない？

## 産業

### 6.0%

セメントや、化学製品をつくるときに起こる化学反応によって排出される。

次ページへ！
温室効果ガスを 減らさないといけない のは、どこの国？

## 農業

### 11.3%

牛などの家畜のげっぷや水田からはメタンが、家畜の排せつ物や、畑の肥料に使われる窒素が原因で一酸化二窒素が排出される。

## 土地利用と森林

### 3.2%

森林は$CO_2$を吸収する（→1巻）。開発のために伐採するなどして森林が減ると排出量は増える。反対に、荒れていた土地に植林して森林を増やす、いまある森林をしっかり管理するなどすれば、排出量は減り、マイナスになる場合もある。

## ごみ

### 3.2%

ごみを処分するために燃やしたり、埋め立てたりすることで排出される。

## エネルギー以外の排出　23.7%

13

# どこの国が温室効果ガスを減らせばいいの？

## 産業革命以降の世界の動きと 地域別二酸化炭素（CO₂）排出量

$CO_2$をはじめとする温室効果ガスの排出量が増えはじめたのは、18世紀後半。そこからいままでのおもな世界の動きと、地域別の$CO_2$排出量をたどって、地球温暖化をふせぐ国際的な取り決めがどのように定められていったのか、また、どうして「共通だが差異ある責任」という考えかたが取り組みの原則となったのか、見ていこう。

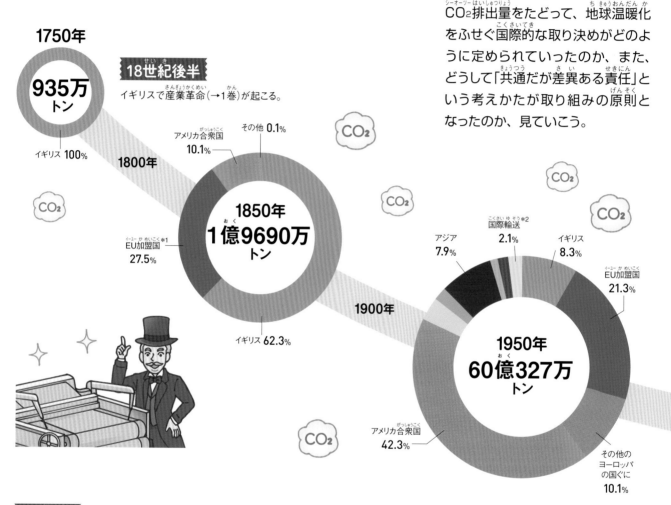

**1750年**
**935万トン**
イギリス 100%

**18世紀後半**
イギリスで産業革命（→1巻）が起こる。

**1800年**

その他 0.1%
アメリカ合衆国 10.1%

**1850年**
**1億9690万トン**

EU加盟国*1 27.5%

イギリス 62.3%

**1900年**

アジア 7.9%
国際輸送*2 2.1%
イギリス 8.3%
EU加盟国 21.3%

**1950年**
**60億327万トン**

アメリカ合衆国 42.3%

その他のヨーロッパの国ぐに 10.1%

その他の凡例　■北アメリカ（アメリカ合衆国をのぞく）　■南アメリカ　■オセアニア　■アフリカ

円グラフ出典：Our World in Data based on the Global Carbon Project (2022) "Annual CO₂ emissions by world region"

＊1 EU加盟国…2022年時点でEU（ヨーロッパ連合）に加盟している27の国をしめす。
＊2 国際輸送…飛行機や船などで、国をまたいで移動するときに排出されたもの。

### 19世紀

産業革命がヨーロッパやアメリカ合衆国、日本などへと広がる。いま先進国とよばれているこれらの国ぐには、大量の化石燃料を使って工業化を進め、経済を発展させた。一方、先進国の支配下におかれたアジアやアフリカなどの人びとは、安い賃金ではたらかされ、資源をうばわれ、貧しいくらしをつづけていた。

### 20世紀

大量につくって大量に消費する（買って、使って、捨てる）くらしかたや産業のありかたが広まる。20世紀半ば以降、中国やインドをはじめとするアジアやアフリカの国ぐにの独立があいつぎ、途上国の経済発展が進んだ。森林破壊や大気汚染などの環境問題が深刻になり、20世紀後半から世界全体で環境問題に取り組もうという動きが起こった。

# 2015年に採択されたパリ協定のもとで世界中の国が協力して温室効果ガスを減らしていく

地球温暖化についての研究や理解が進んだのは、1970～1980年代ごろのことだよ。多くの人が地球温暖化を大きな問題だと考えるようになり、世界で協力して温室効果ガスの排出量を減らそうという取り組みがはじまったんだ。

最初に排出量の削減が義務づけられたのは、それまで大量の温室効果ガスを排出してきたアメリカ合衆国やヨーロッパの国ぐに、日本などの先進国。でも、その後、途上国だった中国やインドなどの経済が発展し、温室効果ガスを大量に排出するようになると、「共通だが差異ある責任」という原則を守ったうえで、新しいルールが必要だと考えられるようになった。そこで誕生したのが、パリ協定だよ。

## 「共通だが差異ある責任」ってなに?

国連気候変動枠組条約にしめされた原則。すべての国・地域は、人間の活動によって起こった地球温暖化に対して共通の責任をもっているが、温暖化のおもな原因をつくった先進国と、そうではない途上国では責任に差があるという考えかただよ。

つまり、地球温暖化に対してより責任の重い先進国は、途上国よりがんばって温室効果ガスの排出量を減らし、途上国が温室効果ガスを減らす手助けもしなきゃ! ってことだね。

|  |  |
|---|---|
| 1960年 | カメルーンやセネガルなど、アフリカ17か国がフランスなどから独立。 |
| 1966年 | 国際自然保護連合(IUCN)が絶滅のおそれのある野生生物についてまとめたレッドデータブックをはじめて発行。 |
| 1972年 | 世界ではじめての環境問題に関する国際会議、国連人間環境会議がスウェーデンで開かれる。 |
| 1985年 | 地球温暖化に関するはじめての世界的な会議がオーストリアで開催される。 |
| 1987年 | 「持続可能な発展(開発)」という考えが生まれる。 |
| 1988年 | 国連環境計画(UNEP)と世界気象機関(WMO)によりIPCC(Intergovernmental Panel on Climate Change、気候変動に関する政府間パネル)が設立される。 |
| 1990年 | IPCCが第1次報告書を公表。 |
| 1992年 | IPCCの報告書をもとに、「大気中の温室効果ガスの濃度を安定化させる」ことを目標とする国連気候変動枠組条約が採択され、世界全体で地球温暖化の対策を進めることで合意。 |

## 持続可能ってなに?

「ずっと続けていける」ということだよ。豊かな自然や文化、産業などをずっと先の未来まで受けついでいくためには、いま生きている自分たちのことだけを考えていてはいけないね。「持続可能な発展」は、未来を生きる世代のことも考えて、環境を守り、社会を発展させながら、開発を進めようという考えかたなんだ。

## IPCCってなに?

地球温暖化や気候変動について世界中の専門家が集まって評価する機関。2022年現在、195の国と地域が参加している。論文などをもとに、気候変動の科学的な根拠や、生態系や社会への影響、「適応」と「緩和」(→P.42)の方策などを取りまとめ、報告書として発表する。報告書は、各国の政府が気候変動に関する政策を決めるときの重要な資料として活用される。

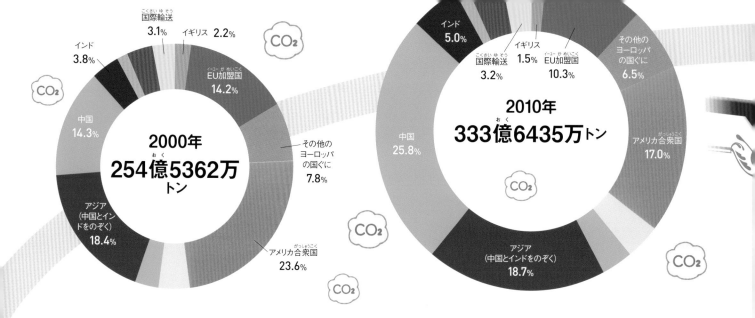

国際輸送
3.1%
イギリス 2.2%
インド
3.8%
EU加盟国
14.2%
中国
14.3%
**2000年
254億5362万
トン**
その他の
ヨーロッパ
の国ぐに
7.8%
アジア
(中国とインドをのぞく)
18.4%
アメリカ合衆国
23.6%

インド
5.0%
国際輸送
3.2%
イギリス
1.5%
EU加盟国
10.3%
その他の
ヨーロッパ
の国ぐに
6.5%
中国
25.8%
**2010年
333億6435万トン**
アメリカ合衆国
17.0%
アジア
(中国とインドをのぞく)
18.7%

---

1995年
・IPCCが第2次報告書を公表。
・国連気候変動枠組条約を批准した国(締約国)が集まり、具体的な取り組みについて話し合う国連気候変動枠組条約締約国会議(COP)の第1回目の会議がドイツで開かれる。

1997年
京都で開催された3回目のCOP(COP3)で、京都議定書が採択される。先進国が、それぞれでいつまでに、どれくらい温室効果ガスを削減するか、具体的な目標を決めた。

2001年
・IPCCが第3次報告書を公表。
・アメリカ合衆国が京都議定書からの離脱を表明。

2005年
京都議定書が発効。

2007年
IPCCが第4次報告書を公表。

2009年
デンマークで開かれたCOP15で、京都議定書にかわる新しい条約をつくるための話し合いがおこなわれる。

2013年
〜
2014年
IPCCが第5次報告書を公表。

2015年
・国連のサミットでSDGs(Sustainable Development Goals、持続可能な開発目標)が記載された「我々の世界を変革する:持続可能な開発のための2030アジェンダ」が採択される。
・フランスで開かれたCOP21で、パリ協定が採択される。

## SDGsってなに?

2030年までに持続可能でよりよい世界をめざすという、国際社会全体の目標。17の目標と、それを具体的にしめした169のターゲットからなる。目標13は「気候変動に具体的な対策を」で、温室効果ガスの排出量を減らすなどの対策や自然災害への「適応」、途上国への支援などがターゲットとなっている。

### 条約の採択・批准・発効ってなに?

会議に参加した代表者のあいだで、条約の内容を決めることを「採択」という。採択された条約をそれぞれの国で確認し、国として正式に同意することを「批准」という。批准した国が決められた数に達するなどの条件を満たすと「発効」し、条約を守る義務が生まれる。

## COPってなに?

Conference of the Partiesの略で、条約を批准した国が参加する会議のこと。生物多様性条約のCOPなど、さまざまなCOPがある。国連気候変動枠組条約のCOPは1年に1度開催される、気候変動についての世界でもっとも重要な会議のひとつ。各国の代表による話し合いや交渉のほか、研究者やNGO、一般市民などが参加できるイベントや展示、講演などがおこなわれる。

もっとも温室効果ガスの排出量が多かったアメリカ合衆国は、途上国に削減の義務がないこと、国内の産業の発展をさまたげる原因になることを理由に、参加を取りやめた。

このころ、アメリカ合衆国が離脱したことや、排出量が一気に増えた中国やインドなどに削減の義務がないことなどから、京都議定書のわく組みでは地球温暖化をふせげないという考えが広まっていた。

2016年 パリ協定発効。

2018年 IPCCが1.5℃特別報告書を公表。産業革命以前の平均気温*からの上昇が1.5℃か2℃かで、地球への影響に大きなちがいがあることをしめした。

2020年 アメリカ合衆国がパリ協定を離脱。

2021年
・アメリカ合衆国がパリ協定に復帰。
・イギリスで開かれたCOP26で、パリ協定では努力目標だった「平均気温の上昇を1.5℃におさえる」ことを、事実上の目標とすることで合意。

2021年
〜
2022年
IPCCが第6次報告書を公表。

＊産業革命以前の気温に近いとされる1850〜1900年を基準とする。

インド 7.3%

イギリス 0.9%
国際輸送 2.8%
EU加盟国 7.5%

その他のヨーロッパの国ぐに 5.8%

アメリカ合衆国 13.5%

2021年
371億2385万トン

中国 30.9%

アジア（中国とインドをのぞく） 20.2%

# パリ協定ってなに?

京都議定書にかわる、2020年以降の地球温暖化をふせぐための国際的な取り決め。歴史上はじめて、途上国もふくめた197の締約国すべてに温室効果ガス削減が義務づけられた。

## パリ協定で決まった世界共通の目標

● 世界の平均気温の上昇を、産業革命以前から2℃よりかなり低くし、できるだけ1.5℃におさえる努力をすること。
　➡ 2021年のCOP26で「1.5℃におさえる」ことが事実上の目標となる。
● 21世紀後半に、世界の温室効果ガスの排出量を実質ゼロ（カーボンニュートラル、→P.19）にする。

## パリ協定のおもな取り決め

● すべての国が温室効果ガス削減の具体的な目標を立てる。目標は5年ごとに見直して更新する。
● すべての国が取り組みの進みぐあいを報告し、評価を受ける。
● 「適応」の将来の目標を定め、それぞれの国で計画を立てたり行動に移したりする。その結果を報告書にまとめて提出する。
● 温室効果ガスを減らすことにつながる、新しい技術の開発が重要。
● 5年ごとに世界全体の取り組みの進みぐあいを確認し、評価する。
● 先進国は途上国の取り組みのために資金を支援する。途上国も自国で資金を用意する。
● 二国間クレジット制度など、温室効果ガスの排出量・吸収量を取り引きするしくみを活用する。→P.39

2015年12月12日、フランスのパリで開催されたCOP21でパリ協定の採択が決まり、よろこぶ議長たち。

写真提供：ロイター＝共同

温室効果ガスを排出してきたのは先進国でしょ！ って思うけれど……途上国がこのまま、なにも対策をせずに温室効果ガスを排出していたら、地球温暖化はふせげない。「共通の責任」を果たすために、世界のみんなで取り組むことが決まったんだね。

目標を決めて、報告して、評価を受けることが決まっていると、「なんとなくがんばる」ではなく、計画をしっかり立てて取り組むことができそうだね。目標に「実質ゼロ」って書いてあるけれど、「実質」ってどういうこと？

次ページへ！

「実質ゼロ」ってこういうこと！

# カーボンニュートラルってなに?

## カーボンニュートラル達成までの道のり

### いま

温室効果ガスは、わたしたちのくらしのさまざまな場面で排出される。排出量を本当にゼロにするのは、むずかしいよね。だから$CO_2$を吸収してくれる森林などを活用することで、「実質ゼロ」をめざすんだ。「カーボン」とついているけれど、減らすのは$CO_2$だけでなく、メタンや一酸化二窒素などもふくめた温室効果ガスだよ。

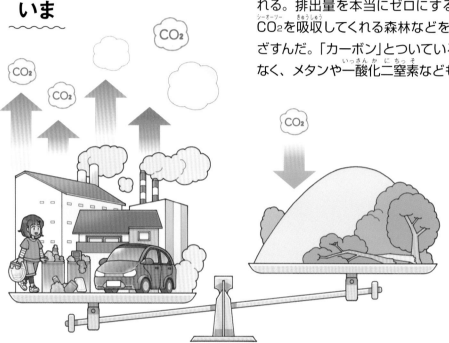

P.12で見たように、エネルギーをつくる、ものを運ぶなど、わたしたち人間のさまざまな活動によって、大量の温室効果ガスが排出されている。一方、火災や干ばつ、伐採などによって、$CO_2$を吸収したり、ためこんだりしてくれる森林は減っているよ。

### 排出量を減らす

**エネルギーのつくりかたを見直す**
電気を再生可能エネルギー(→P.22)で発電するなど、温室効果ガスを排出する化石燃料を使わない方法でエネルギーをつくる。
→P.22

**使うエネルギーを減らす**
機械や設備の性能をよくする、使う時間や量を減らすなどして、使うエネルギーそのものの量を減らす。

**使うエネルギーを変える**
自動車を走らせるエネルギーをガソリンなどから電気に変えるなど、温室効果ガスを排出しない・排出量が少ない方法に変える。
→P.30

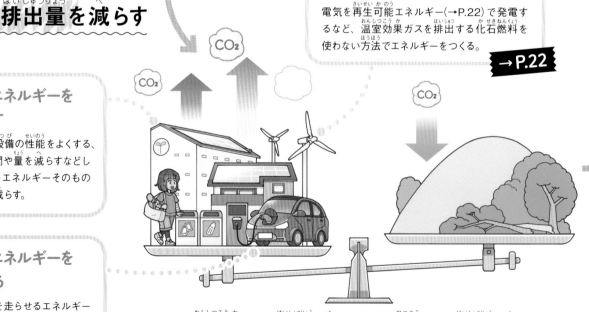

まずは、温室効果ガスの排出量を減らすことが必要だよ。排出量を減らすカギは、温室効果ガスの排出量が多い、電気などのエネルギー。エネルギーを使う量を減らす、エネルギーのつくりかたを見直す、使うエネルギーを変えることで、温室効果ガスの排出量を減らすことができるんだ。

# 人間の活動による温室効果ガスの排出量と吸収量を同じにすること

パリ協定（→P.17）では、21世紀後半に世界の温室効果ガスの排出量を実質ゼロにするという目標を立てている。二酸化炭素（カーボン・ダイオキサイド、$CO_2$）をはじめとする温室効果ガスの排出量をできるかぎり減らし、それでも排出してしまったぶんは木を植えるなどして吸収することで、プラスマイナスゼロ（ニュートラル）にするという考えかただよ。これをカーボンニュートラルというんだ。カーボンニュートラルを実現した社会を、脱炭素社会というよ。

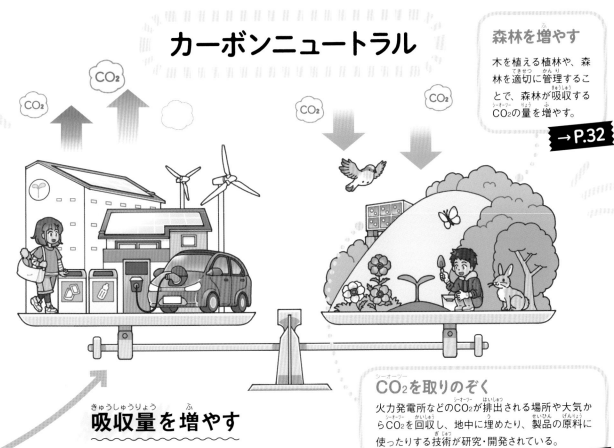

## カーボンニュートラル

森林を増やす

木を植える植林や、森林を適切に管理することで、森林が吸収する$CO_2$の量を増やす。

→P.32

$CO_2$を取りのぞく

火力発電所などの$CO_2$が排出される場所や大気から$CO_2$を回収し、地中に埋めたり、製品の原料に使ったりする技術が研究・開発されている。

→P.33

### 吸収量を増やす

どうしても排出することになった温室効果ガスは、吸収する量を増やしてさし引くことで、実質ゼロにする。$CO_2$を吸収してくれる森林を増やすという方法が、広く認められているよ。また、大気などから$CO_2$を回収する技術の開発も進んでいるんだって。

森林をいくらでも増やせるわけでもないよね。「できるだけ排出量を減らしたうえで」というのが、大前提の取り組みなんだね。

排出量を本当にゼロにするわけではないんだ。森林が吸収してくれるというけれど、植えた木がすぐに、排出したぶんの$CO_2$を吸収してくれるわけではないよね。

次ページへ!
各国はいつまでにカーボンニュートラルの実現をめざすの?

# カーボンニュートラルに向けた各国の目標は？

## 日本をふくむ多くの国が、21世紀後半の カーボンニュートラル実現をめざす

COP26が終了した2021年11月時点では、パリ協定に参加する197の国と地域のうち、155の国と地域が「2050年」、「2060年」など、期限をもうけてカーボンニュートラルの実現を宣言しているよ。日本も、2020年に菅首相

（当時）が2050年までにカーボンニュートラルをめざすと宣言したんだ。

ただし、目標はあくまで目標。本当にそれを達成できるかは、政府はもちろん、わたしたち一人ひとりの取り組みにかかっているよ。

● 世界の温室効果ガス排出量削減の目標　　　　2030年 2030年までの目標　　　カーボンニュートラル カーボンニュートラルを達成する年

**ロシア**
2030年 1990年の70%に減らす
カーボンニュートラル 2060年

**イギリス**
2030年 1990年とくらべて68%以上減らす
カーボンニュートラル 2050年

**ドイツ**
2030年 1990年とくらべて65%減らす
カーボンニュートラル 2045年

**中国**
2030年 ・CO₂排出量を2030年以降は増やさないようにする
・GDP（国内総生産）あたりのCO₂排出量を2005年とくらべて65%以上減らす
カーボンニュートラル 2060年（CO₂のみ）

**アメリカ合衆国**
2030年 2005年とくらべて50～52%減らす
カーボンニュートラル 2050年

**メキシコ**
2030年 対策をしなかった場合とくらべて、最低22%は減らす
カーボンニュートラル 2050年

**日本**
2030年 2013年とくらべて46%減らす
カーボンニュートラル 2050年

**オーストラリア**
2030年 2005年とくらべて43%減らす
カーボンニュートラル 2050年

**トルコ**
2030年 対策をしなかった場合とくらべて、18～21%減らす
カーボンニュートラル 表明せず

**サウジアラビア**
2030年 2019年とくらべて2.78億トン減らす
カーボンニュートラル 2060年

**ナイジェリア**
2030年 対策をしなかった場合とくらべて、20%減らす
カーボンニュートラル 2060年

**インドネシア**
2030年 対策をしなかった場合とくらべて、最低32%は減らす
カーボンニュートラル 2060年

**インド**
2030年 GDPあたりの排出量を2005年とくらべて45%減らす
カーボンニュートラル 2070年

**ブラジル**
2030年 2005年とくらべて50%減らす
カーボンニュートラル 2050年

日本も2050年までにカーボンニュートラルをめざすんだね！どうやって実現するんだろう？

**第2章へ！**
カーボンニュートラルに向けた具体的な取り組みって？

# どうやって カーボンニュートラルを 実現するの？

カーボンニュートラルを実現するためには、
温室効果ガスの排出量をできるかぎり減らす必要があるよ。
温室効果ガスの大部分は、電気や熱などのエネルギーをつくるために
排出されている。だから温室効果ガスを減らすためには、
これらのエネルギーのつくりかたや使いかたを見直す必要があるんだ。
この章では、そのカギとなる再生可能エネルギーを中心に、
$CO_2$ の吸収量を増やす取り組みや、
日本や世界の具体的な取り組みについて紹介しているよ。

# 再生可能エネルギーってなに？

## 再生可能エネルギーの特徴と課題

### 再生可能エネルギーの特徴

**発電のときに温室効果ガスを排出しない**

自然の力や地球の熱を使うため、バイオマス発電や地熱発電の一部をのぞき、基本的に温室効果ガスを排出しない。ただし、発電設備をつくるときや廃棄するときなどには排出される。

**つきる心配がない**

自然のいとなみによってエネルギーのもとが常に存在するため、使える量にかぎりがある化石燃料とは異なり、将来にわたって利用できる。

**国内で生産できる**

エネルギーのもとが自然に存在するため、基本的に輸入する必要がない。バイオマス発電では、輸入した燃料を使う場合もある。

### 再生可能エネルギーの課題

**発電できる場所や量が自然に左右される**

エネルギーによっては、発電に適した土地がかぎられる。太陽光発電のように時間帯や天候、季節によって発電量が変わるものもある。

**周辺の環境に配慮が必要**

自然ととなり合わせの環境に設置する場合もあり、設置場所や方法によっては、周囲の自然や人のくらしに悪い影響をあたえる場合もある。

**発電の効率がよくない**

火力発電などとくらべて、発電に広い場所が必要だったり、もとのエネルギーを少ししか電気に変えられなかったりする。今後、技術の進歩によって改善していくとされる。

## 風力発電 →P.26

風の力でブレード（羽根）をまわし、その回転の力を使って発電する。海沿いなどの陸地のほか、強い風がふく海の上にも設置される。

**メリット** 時間帯に関係なく発電できる。
**デメリット** 風が吹かないときは発電できない。

## 太陽光発電 →P.24

太陽の光を電気にかえることができる、太陽光パネルで発電する。工場や家の屋根、広い空き地や水上などに設置される。

**メリット** 太陽の光があたる場所ならどこでも発電できる。
**デメリット** 夜は発電できず、天気が悪い日は発電量が減る。

## 太陽熱の利用 →3巻

屋根などに設置した機械で太陽の熱を集めて、湯をわかしたり、冷暖房に利用したりする。湯をわかす太陽熱温水器は、家にも設置できる。

# 自然の力を利用してつくる
# 温室効果ガスをほとんど排出しないエネルギー

太陽光や水、風など、自然の力を利用してつくるエネルギーを再生可能エネルギーというよ。なんと、エネルギーをつくるときに温室効果ガスをほとんど排出しないんだ！ おもに発電に使われるけれど、太陽熱のように、ものをあたためるために使われる場合もあるよ。

再生可能エネルギーは、エネルギーのもとがつきる心配がなく、くり返し使うことができる。国内で生産でき、原料を輸入する必要もないよ。温室効果ガスの排出を減らすため、化石燃料にかわるエネルギーとして、日本をふくめ、世界で導入が進められているんだ。

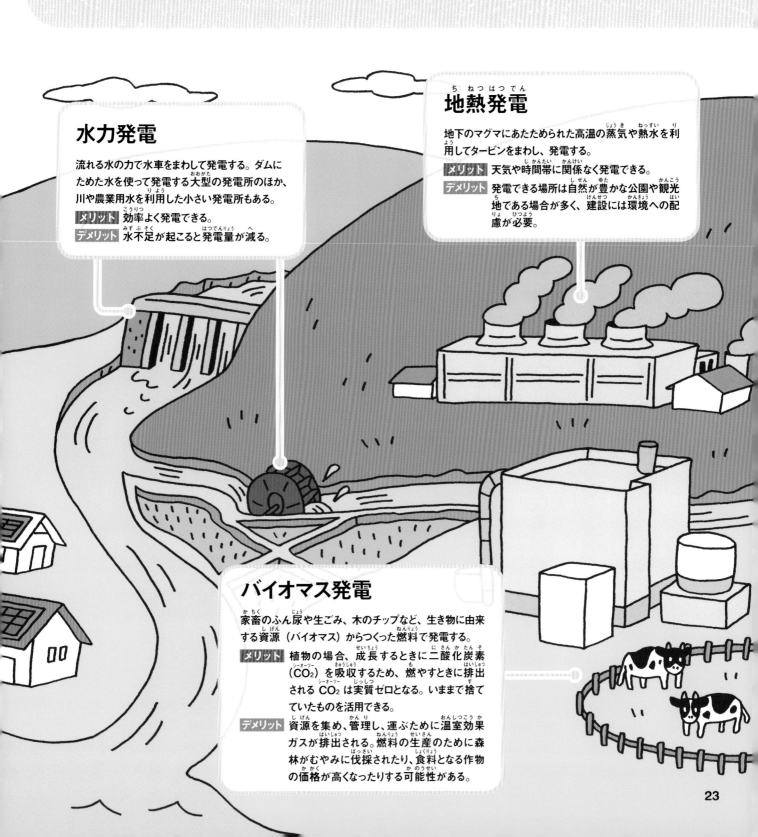

## 水力発電

流れる水の力で水車をまわして発電する。ダムにためた水を使って発電する大型の発電所のほか、川や農業用水を利用した小さい発電所もある。

**メリット** 効率よく発電できる。

**デメリット** 水不足が起こると発電量が減る。

## 地熱発電

地下のマグマにあたためられた高温の蒸気や熱水を利用してタービンをまわし、発電する。

**メリット** 天気や時間帯に関係なく発電できる。

**デメリット** 発電できる場所は自然が豊かな公園や観光地である場合が多く、建設には環境への配慮が必要。

## バイオマス発電

家畜のふん尿や生ごみ、木のチップなど、生き物に由来する資源（バイオマス）からつくった燃料で発電する。

**メリット** 植物の場合、成長するときに二酸化炭素（$CO_2$）を吸収するため、燃やすときに排出される $CO_2$ は実質ゼロとなる。いままで捨てていたものを活用できる。

**デメリット** 資源を集め、管理し、運ぶために温室効果ガスが排出される。燃料の生産のために森林がむやみに伐採されたり、食料となる作物の価格が高くなったりする可能性がある。

# 太陽光発電ってなに？

栃木県の那須町にある、那須ちふりメガソーラー。約3万㎡の敷地に太陽光パネルがしきつめられており、1年間に約250万kWhの電力（一般家庭約700戸分）をつくることができる。

写真提供：鹿島建設株式会社

## 太陽光発電のしくみ（家庭の場合）

| 赤 | 太陽光からの電気 |
|---|---|
| 青 | 蓄電池からの電気 |
| 紫 | 買う電気 |
| 緑 | 売る電気 |

太陽光パネルでつくられた電気は、パワーコンディショナーで家庭で使える状態に変換され、分電盤を通して電気製品へと送られる。家庭で使ったうえであまった電気は、電力会社に買い取ってもらえるよ。反対に、夜など発電できないときは電力会社から電気を買うことで、いつでも電気が使えるんだ。

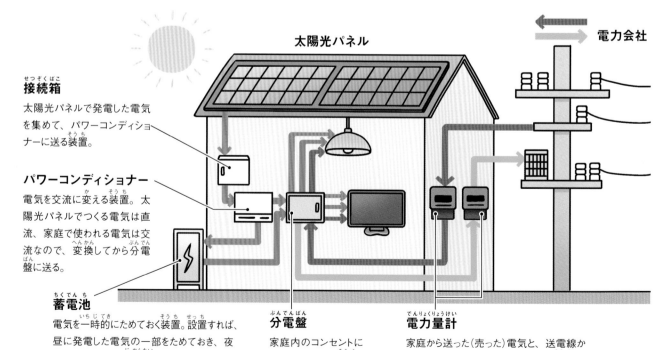

**接続箱**
太陽光パネルで発電した電気を集めて、パワーコンディショナーに送る装置。

**パワーコンディショナー**
電気を交流に変える装置。太陽光パネルでつくる電気は直流、家庭で使われる電気は交流なので、変換してから分電盤に送る。

**蓄電池**
電気を一時的にためておく装置。設置すれば、昼に発電した電気の一部をためておき、夜など発電できない時間帯に使うことができる。

**分電盤**
家庭内のコンセントに電気をふりわける装置。

**電力量計**
家庭から送った（売った）電気と、送電線から送られてきた（買った）電気をはかる装置。

# 太陽光パネルを使って 太陽の光を電気に変える発電方法

太陽光パネルを使って、太陽の光を電気に変える発電方法を太陽光発電というよ。日本では、いま、もっとも発電量の多い再生可能エネルギーなんだって。まだ設置されていない場所を活用することで、発電量はさらに増えていくと考えられているよ。

ただし、太陽光パネルを設置することで環境が破壊されたり、災害の被害が大きくなったりすることもある。また、使えなくなったパネルは適切にリサイクルや処分をする必要があるよ。

## 太陽光発電の特徴

### 使われていない場所を活用できる

太陽光パネルは、建物の屋根や空き地、水上など、太陽光があたる場所なら、どこにでも設置することができる。新しく広い土地を用意するのがむずかしい都市でも、設置しやすいね。

### 非常時の電源となる

自宅の太陽光発電でつくった電気を蓄電池にためておけば、災害や事故などで停電が起こったときに、電源として使うことができるよ。

### 電気を送る設備がない場所の電源になる

世界には、電線や電柱など、発電所でつくった電気を送るための設備が整っていない地域も多い。太陽光発電は必要な設備が少ないので、設置すればその地域の電源として使うことができる。日本でも、けわしい山地や離島などでの活用が期待されているんだ。

## 太陽光発電の課題とこれから

### 天候や時間によって発電できる量が変わる

発電には太陽光が必要なので、夜は発電できない。雨の日も、ほとんど発電できなくなるよ。

**太陽光発電の天気ごとの発電電力量**

太陽光パネルで発電した電気の量の変化

家庭で使った電気の量の変化

- 太陽光発電でまかなえる電気
- 電力会社に買い取ってもらう電気
- 電力会社から買う電気

晴れ　朝 昼 夜
くもり　朝 昼 夜
雨　朝 昼 夜

太陽光パネルは、太陽の光の届きかたによって発電量が大きく変わる。

一般社団法人 太陽光発電協会「余剰売電の場合の発電量と消費電力量の関係」をもとに作成

### 建設が環境や人のくらしをおびやかすおそれがある

山を切りひらくなどして、むりに太陽光発電を建設したら、その地域の自然や生態系、人のくらしをこわしてしまうかもしれない。地盤が弱くなり、土砂くずれが起こった例もあるよ。自然や人への影響を考えて設置し、管理しないといけないね。

### パネルのリサイクルや処分の決まりが必要

太陽光パネルの寿命は20〜30年。自然災害などで壊れる可能性もあるね。使えなくなったパネルは正しい方法でリサイクルするか、処分しなければならない。パネルを設置した企業などが責任をもって対応するよう、制度を整える必要があるね。

ほかの発電方法や、蓄電池と組み合わせて使う必要があるってことだね。

# 風力発電ってなに？

北海道稚内市にある、ユーラス宗谷岬ウインドファーム。北海道本島の最北端にある宗谷岬に、57基の風力発電機が建てられている。

写真提供：株式会社ユーラスエナジーホールディングス

## 風力発電のしくみ

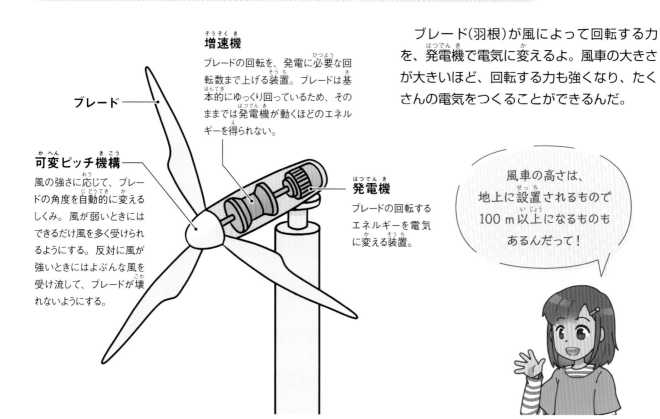

**増速機**
ブレードの回転を、発電に必要な回転数まで上げる装置。ブレードは基本的にゆっくり回っているため、そのままでは発電機が動くほどのエネルギーを得られない。

**ブレード**

**可変ピッチ機構**
風の強さに応じて、ブレードの角度を自動的に変えるしくみ。風が弱いときにはできるだけ風を多く受けられるようにする。反対に風が強いときにはよぶんな風を受け流して、ブレードが壊れないようにする。

**発電機**
ブレードの回転するエネルギーを電気に変える装置。

ブレード（羽根）が風によって回転する力を、発電機で電気に変えるよ。風車の大きさが大きいほど、回転する力も強くなり、たくさんの電気をつくることができるんだ。

風車の高さは、地上に設置されるもので100m以上になるものもあるんだって！

# 大きな風車を使って
# 風の力を電気に変える発電方法

風の力で大きな風車をまわして電気をつくる、風力発電。風さえあれば、時間帯に関係なく発電できるよ。設置できるのは年間を通して強い風が吹く地域で、日本では北海道や東北地方に多くの風力発電所があるんだ。陸のほか、海の上にも設置できるよ。

建設する場所や方法によっては、鳥がブレードにぶつかる事故が起こるなど、周辺の環境や人のくらしに大きな影響をあたえる可能性がある。よく考えて建設しなくてはいけないね。

## 風力発電の特徴

### 海にも設置できる

風力発電は、陸上だけでなく海にも設置できるんだ。海の上（洋上）につくられるものを、洋上風力発電というよ。海の上は地上よりも安定して強い風が吹くから、発電にぴったりなんだ。日本でも今後、各地で建設が予定されているよ。

2013年に福岡県北九州市沖に設置された洋上風力発電機と観測タワー。日本に洋上風力発電を本格的に導入するための研究に使われている。

写真提供：国立研究開発法人新エネルギー・産業技術総合開発機構（NEDO）

### 風が吹いていれば
### 1日を通して発電できる

太陽光発電（→ P.24）のように、時間帯で発電量が変わることはないよ。風があれば、いつでも発電できるんだ。

### 発電の効率がよい

風力発電は、風のエネルギーを効率よく電気に変換できる。だから風車が数十から数百基集まるウインドファーム（風の牧場）のように大規模な風力発電施設で発電すれば、費用もおさえることができるよ。

## 風力発電の課題とこれから

ブレードにぶつかるのは、ワシなどの猛禽類が多いんだ。生き物のこともちゃんと考えて建ててね！

### 災害への対策が必要

もとから風の強く吹く場所に設置するので、台風や強風の被害も大きくなりやすいよ。高さがあるので、落雷の被害にもあいやすい。できるだけ被害を少なくする対策が必要だね。

### 建設が環境や人のくらしを
### おびやかすおそれがある

ブレードに鳥がぶつかるバードストライクという事故が起こったり、ブレードが回るときに出る音が騒音として問題になったりしているよ。洋上風力発電の場合は、周辺の海にくらす生き物や、漁業への影響も考える必要がある。設置する地域の住民への説明や、環境の調査をしたうえで建設することが大切だね。

### 風の強さで発電量が変わる

風が吹かないときや弱いときは、ほとんど発電できない。台風などで強い風が吹くときにも、安全のためブレードが動かないように固定するので、発電できないよ。

### 設置できる場所がかぎられる

風が吹かなければ発電できないので、風があまり吹かない地域は設置に向かないよ。

# 世界では再生可能エネルギーが広まっているの?

## 各国の電源構成と再生可能エネルギー

国によって地形や気候、国土の広さや人口はさまざまだよね。だから、どんな再生可能エネルギーを、どれくらい、どんなふうに導入するかも、国によって異なるよ。再生可能エネルギーがどのように利用されているのか、いくつかの国の例を電源構成(発電する方法の割合)とともに見てみよう。

■化石燃料　■水力　■太陽光　■風力　■地熱　■バイオマス　■原子力　■その他

*円グラフで示した電源構成は、IEA の 2020 年のデータによる。

### ノルウェー

水力
91.8%

ノルウェー南部のグドブランズダルにある水力発電所。
©iStock/uniseller

けわしい山が多く、高低差と山の雪どけ水をいかした水力発電がさかんだよ。国内で使う電気の9割以上を水力で発電しているんだ。ノルドプールという北欧の国ぐにを中心とした電力市場(競りのかたちで電力を売り買いする取引所)に参加しているので、電気があまったときにはほかの国に売り、たりないときには買うことができる。水力発電で必要な量を発電できないときも安心だね。

### イギリス

まわりを海にかこまれ、長い海岸線をもつイギリスは、洋上風力発電に力を入れている国だよ。陸上をふくめた風力発電が発電にしめる割合は、全体の約25%。いまは化石燃料が全体の約40%をしめているけれど、2035年までに発電の中心を再生可能エネルギーなどにかえてゆき、発電に化石燃料を使わないようにするという目標をかかげているんだ。

化石燃料
38.3%

風力
24.2%

イギリス南東部の沖合にある、ランピオン洋上風力発電所。116基の風力発電機がならび、最大で35万世帯分の電気をつくることができる。

©iStock/Raphael Ruz

### ケニア

地熱
43.6%

水力
36.4%

火山や高い山が多いことから、地熱発電や水力発電がさかんだよ。国内で使う電気の90%以上を再生可能エネルギーで発電しているんだ。ただ、地方の農村などでは、送電設備が整っていないなどの理由で電気を使えない地域も多い。このような地域では、太陽光発電の導入が進んでいるよ。電気をためておける蓄電池とともに設置することで、その地域で使う電気をまかなうことができるんだ。

ケニアの村に設置された太陽光発電。

写真提供：PowerGen Renewable Energy

# それぞれの地形や気候をいかして世界各地で再生可能エネルギーの導入が進んでいる

太陽光発電や風力発電を中心に、発電に再生可能エネルギーを利用しようという動きは世界で広がっている。2025年には、再生可能エネルギーが石炭を追い抜いて、世界の発電の主役になると予測されているんだ*。すでに国内で消費する電力のほとんどを、再生可能エネルギーで発電している国もあるよ。

一方、アフリカなどの発展途上国では、そもそも電気を使えない地域もある。設備をつくる資金が足りないなどの理由で、化石燃料を使いつづけている国も多いよ。その国にあった発電方法の導入や、世界的な支援がもとめられているんだ。

* IEA "Renewables 2022"

● 世界の発電にしめる資源の割合の変化

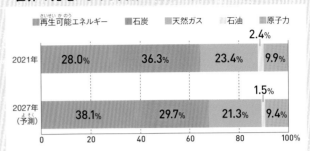

凡例: ■再生可能エネルギー ■石炭 ■天然ガス ■石油 ■原子力

| 年 | 再生可能エネルギー | 石炭 | 天然ガス | 石油 | 原子力 |
|---|---|---|---|---|---|
| 2021年 | 28.0% | 36.3% | 23.4% | 2.4% | 9.9% |
| 2027年（予測） | 38.1% | 29.7% | 21.3% | 1.5% | 9.4% |

IEA（国際エネルギー機関）が2022年に発表した予測では、再生可能エネルギーの発電量は2025年初めに石炭を上まわり、2027年には約38%にまで増えるとされている。

出典：IEA "Renewables 2022" Global electricity generation by technology, 2015, 2021 and 2027

## アメリカ合衆国

風力 8.0%／化石燃料 60.4%

まだ化石燃料による火力発電が発電の中心だけれど、強い風の吹くテキサス州では風力発電、日射量（その土地に降り注ぐ太陽の光の量）の多いカリフォルニア州では太陽光発電など、州ごとの地形や気候に合った再生可能エネルギーの導入が進んでいるよ。国土の広さをいかした、大規模な発電所も多いんだ。

©iStock/GaryKavanagh

カリフォルニア州にある太陽光発電施設。

## コスタリカ

地熱 14.4%／風力 12.4%／水力 70.6%

国内で使う電気のほとんどを、再生可能エネルギーでまかなっているよ。水力発電が中心だけれど、コスタリカには雨が多く降る雨季とあまり降らない乾季があるため、乾季には水力発電の発電量が大はばに減ってしまう。安定して電気を使えるよう、国内にたくさんある火山をいかした地熱発電や、風力発電を取り入れているんだ。

## 中国

水力 17.5%／化石燃料 66.6%

2000年代に再生可能エネルギーの導入を進める法律が定められ、広い国土をいかした大規模な太陽光発電所や風力発電所がさかんに整備されてきたよ。人口が多く、使う電気の量も多いので、発電の中心はまだ化石燃料だけれど、再生可能エネルギーの設備容量（発電所が発電できる最大の量）は世界一なんだ。

コスタリカのグアナカステにある「ラス・パイラスⅡ」地熱発電所。日本も気候変動への対策を支援するため、資金の一部を提供している。

写真提供：西日本技術開発株式会社

# 電気自動車は環境にやさしいの？

## 電動車の特徴と種類

　日本で「電気自動車」とよばれるのは、バッテリーの電気だけで走る自動車だよ。電気自動車をふくめ、電気を使って動く自動車は電動車とよばれている。いままで広く使われてきたガソリン自動車と、電動車のちがいを見てみよう。

| ガソリン自動車 | | 電気自動車（EV） |
|---|---|---|
| ガソリン | 使うエネルギー | 電気 |
| エンジンのなかでガソリンなどの燃料と空気を混ぜ、火をつけて爆発させる。そのときの大きなエネルギーを回転する力にかえる。 | 動くしくみ | モーターに電気を流し、モーターが回転する力で車輪を動かす。 |
| ガソリンスタンドで給油する。 | エネルギー供給のしかた | 家庭に専用のコンセントを設けて充電する。外の充電スタンドでも充電できる。 |
| 排出する。 | 走るときの温室効果ガス | 排出しない。 |

| | ハイブリッド車（HV） | プラグインハイブリッド車（PHV） | 燃料電池車（FCV） |
|---|---|---|---|
| 使うエネルギー | ガソリンと電気 | ガソリンと電気 | 電気 |
| 動くしくみ | エンジンとモーターの2つを、効率よく走れるよう切りかえながら走る。外からの充電はできず、減速するときに発生するエネルギーを電気に変えてモーターを動かす。 | HVと同じしくみで動くが、外からの充電もできるため、モーターだけで走ることもできる。 | 燃料電池は、水素（→ P.40）と空気中の酸素を化学反応させて発電する装置。この装置でつくった電気でモーターを動かして走る。 |
| エネルギー供給のしかた | ガソリンスタンドで給油する。（充電はできない。） | ガソリンの給油、充電、どちらもできる。 | 水素ステーションで水素を補給する。 |
| 走るときの温室効果ガス | 排出する。 | モーターだけを使う場合には排出しない。 | 排出しない。 |

# 電気自動車の導入は、温室効果ガスの排出量を大きく減らすことにつながる

自動車はいままで、ガソリンや軽油などの燃料をエンジンで燃やして走るのが一般的だったよ。でも、これらの燃料の原料は石油などの化石燃料。二酸化炭素（$CO_2$）をはじめとした温室効果ガス排出の大きな原因となっているんだ。

そこで期待されているのが、電気自動車（EV＝Electric Vehicle）！ 電気で動くので、走るときに温室効果ガスを排出することがないんだ。課題もあるけれど、新しい技術の開発や、購入を後押しする国の政策などによって、電気自動車は社会に広まっていくと考えられているよ。

● 運輸の方法別 $CO_2$ 排出の割合（2018年）

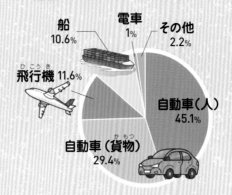

- 船 10.6%
- 電車 1%
- その他 2.2%
- 飛行機 11.6%
- 自動車（人）45.1%
- 自動車（貨物）29.4%

自動車は、世界の運輸（ものを運ぶこと）によって排出される温室効果ガスの約4分の3をしめており、地球温暖化にあたえる影響も大きい。

出典：Our World in Data "Global CO₂ emissions from transport" Data based on International Energy Agency (IEA) and the International Council on Clean Transportation(ICCT).

# 電気自動車の課題とこれから

わたしたちが電気自動車を身近な乗り物として使うようになるため、また、自動車にかかわる温室効果ガスを大きく減らすためには、まだ解決するべき課題があるよ。

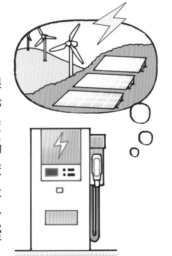

- リサイクル
- 環境への影響
- 価格
- 人権の保護

## 再生可能エネルギーで発電した電気を使う

電気自動車は走るときに温室効果ガスを排出しないけれど、使う電気がもし火力発電でつくられていたら、どうだろう？ 全体としてみれば、温室効果ガスを排出したことになるよね。だから日本のように電気を火力発電にたよっている国は、再生可能エネルギーの導入を進め、発電のときに出る温室効果ガスも減らす必要があるんだ。

## 環境や人にやさしいバッテリーの利用

いま、電気自動車のおもなバッテリーには、リチウムやコバルトなどのレアメタル（希少金属）が使われているよ。レアメタルは価格が高く、加工のときには温室効果ガスを大量に排出する。また、廃棄すれば環境汚染をまねくよ。採掘のために、ひどい環境で子どもが働かされている場合もあるんだ。人や環境に配慮した原料の調達や製造、使い終わったバッテリーのリサイクルやリユース（→4巻）を進めなければいけないね。

## 充電しやすい環境を整える

地域によっては、外で充電できる場所が十分にないところもあるよ。マンションなどの集合住宅に住んでいて、共有の駐車場に充電器を取りつけるのがむずかしい場合もある。また、外での充電には数十分かかり、ガソリン自動車の給油とくらべて長く感じる人もいるんだって。充電スタンドの設置や、充電時間を短くする技術の開発が進むといいね。

# CO₂を吸収する方法があるの？

## CO₂を吸収する取り組みや技術

### 森林破壊をふせぐ

世界にある森林の半分近くが、ブラジルやインドネシアなどにある熱帯雨林だよ*。世界の熱帯雨林がためこんでいるCO₂は、ものすごい量になる。ところがその熱帯雨林が、人びとの生活のために農地に変えられたり、火災や違法な伐採にあったりして、急速に減っているんだ。木が燃えたり、くさったりすれば、CO₂を排出する。ほうっておいたら破壊される森林を守ることが、大気中のCO₂を減らすことにつながるよ。

＊出典：Food and Agriculture Organization of the United Nations "Global Forest Resources Assessment 2020" Proportion of global forest area by climatic domain, 2020

熱帯雨林には、多種多様な生き物もくらしている。その地域にしか生息していない固有種も多いよ。森林破壊は、生物多様性（→1巻）もおびやかすんだ。

日本では多くの木が伐採に適した時期をむかえているにもかかわらず、放置されているよ。荒れた森林は土砂災害の原因にもなっているんだって。木を伐り、ちゃんと管理することが、森林を守るために必要なんだね。

### 木を植え、正しく管理する

苗木などを植えて、森林を育てる植林。CO₂の吸収につなげるためには、木を植えて終わり！ というわけにはいかないよ。木はあるていど成長すると、吸収できるCO₂の量が減る。木を植え、手入れをし、成長したら伐採してまた若い木を植えるということをくり返して、森林をよい状態にたもつ必要があるんだ。

木にためこまれたCO₂は、燃えたりくさったりしなければ、大気に放たれることはない。だから木が家具や建物などに使われれば、そのぶん、何年、何十年も、大気中のCO₂を増やさずにすむよ。

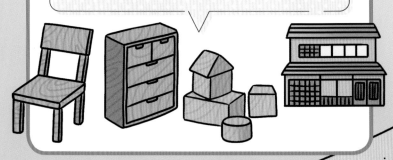

# 森林や海を守り、育てる 新しい技術にも期待が集まる

カーボンニュートラルを達成するには、排出してしまった温室効果ガスと同じだけ、吸収量を増やす必要がある。吸収するおもな方法は、光合成（→1巻）で二酸化炭素（CO$_2$）を吸収し、栄養としてためこむはたらきのある森林を守り、育てることだよ。

また、森林と同じく光合成でCO$_2$を吸収する海藻を増やす取り組みや、排出されたCO$_2$を回収し、製品の原料などにする技術の開発もおこなわれているんだ。

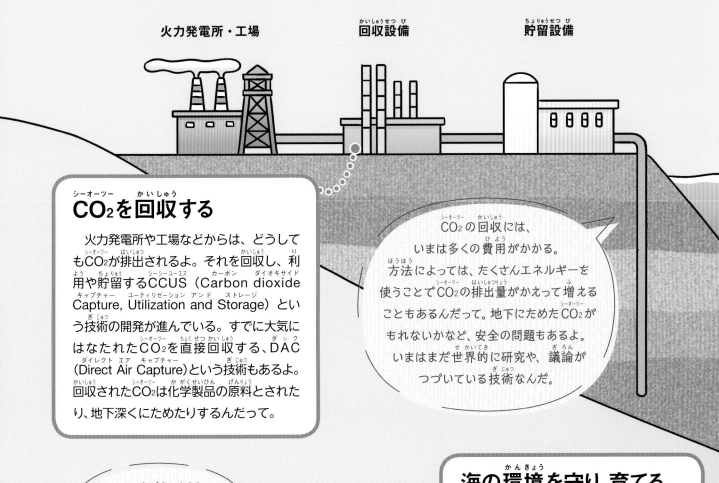

火力発電所・工場 　　回収設備 　　貯留設備

## CO$_2$を回収する

火力発電所や工場などからは、どうしてもCO$_2$が排出されるよ。それを回収し、利用や貯留するCCUS（Carbon dioxide Capture, Utilization and Storage）という技術の開発が進んでいる。すでに大気にはなたれたCO$_2$を直接回収する、DAC（Direct Air Capture）という技術もあるよ。回収されたCO$_2$は化学製品の原料とされたり、地下深くにためたりするんだって。

CO$_2$の回収には、いまは多くの費用がかかる。方法によっては、たくさんエネルギーを使うことでCO$_2$の排出量がかえって増えることもあるんだって。地下にためたCO$_2$がもれないかなど、安全の問題もあるよ。いまはまだ世界的に研究や、議論がつづいている技術なんだ。

海草や海藻はCO$_2$を吸収してくれるだけでなく、海の生き物の生息地や産卵場所となり、海の水をきれいにしてくれる。漁業にもよい影響があるんだ。

## 海の環境を守り、育てる

アマモなどの海草や、ワカメなどの海藻、海水と淡水のまざり合う場所に育つ樹木・マングローブは、陸の植物と同じように、光合成によってCO$_2$を吸収するはたらきがある。これらの生き物がくらす環境を開発などから守ったり、生息地を増やしたりすることで、吸収されるCO$_2$の量を増やすことができるんだ。海の生き物によって吸収され、海にためこまれるCO$_2$は、ブルーカーボンとよばれているよ。

## 再生可能エネルギーの導入を進める

日本で使われている化石燃料のほとんどは、輸入したものだよ。エネルギーを外国にたよらないためにも、再生可能エネルギーの導入が必要なんだ。

日本が排出する温室効果ガスの半分近くが、電気や熱をつくるために排出されているよ(→ P.13)。このうち発電は大部分を化石燃料を使った火力発電にたよっている。日本が温室効果ガスの排出量を大きく減らすためには、電源構成(発電する方法の割合)を見直して、発電時に温室効果ガスを排出しない再生可能エネルギーの割合を、もっと増やす必要があるんだ。

2030年度に4割？
もっと増やせないの？
再生可能エネルギーだけで発電できないの？

……って思うよね。
でも、再生可能エネルギーの割合を一気に増やすのはむずかしいんだ。

電気は、基本的にためておくことができない。使う電気(需要)とつくる電気(供給)の量が同じでないと、停電が起こったり、発電機が壊れてしまったりする。だから電力会社は、常にみんなが使う電気の量を予測して、発電する量を決めているよ。

火力発電や原子力発電は電力会社が発電量を調整できるけれど、太陽光発電や風力発電の発電量は時間帯や天候などで決まる。いまは、再生可能エネルギーの発電量が足りないときは火力発電などでおぎない、発電量があまりそうなときは発電を止めるなどして、需要と供給のバランスを取っているんだ。

● 日本の電源構成と2030年度の見通し

再生可能エネルギー 20.3%

化石燃料 72.9%

2021年度　　　　　　　　　　　　　　　　1兆327億kWh

化石燃料 41%　再生可能エネルギー 36～38%

2030年度(目標)　　　　　　　　　　　　9340億 kWh

| 0 | 3000 | 6000 | 9000 | 12000 (億kWh) |

■石油　■石炭　■天然ガス　■水力　■太陽光　■風力
■地熱　■バイオマス　■原子力　■水素・アンモニア

▲いまは電気の約7割が化石燃料を使ってつくられている。日本は太陽光発電と風力発電を中心に再生可能エネルギーを増やし、2030年度には再生可能エネルギーの割合を4割近くにまで増やすとしている。

出典：資源エネルギー庁「総合エネルギー統計」の2021年速報値、2030年度におけるエネルギー需給の見通し

まわりを海に囲まれた日本では、洋上風力発電に期待が集まっているよ。

**風力発電**

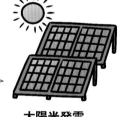

設置に適した場所が、まだまだあると考えられているよ。

**太陽光発電**

使う電気(需要)　　　つくる電気(供給)

### 原子力発電は環境にやさしいの？

ウランなどの核物質とよばれる燃料を使って発電する原子力発電。すこしの燃料で、大量の電気を安定してつくることができる。発電時に温室効果ガスが排出されることもないよ。でも、事故が起これば、大量の有害な物質が放出され、死者が出る場合もある。汚染されたごみも出るよ。よく考えて利用しなければならない発電方法なんだ。

# 再生可能エネルギーの導入を中心に 2050年カーボンニュートラルをめざす

日本は、2050年にカーボンニュートラルを実現することを宣言しているよ。

その達成にかかせないのが、発電にしめる再生可能エネルギー（→P.22）の割合を増やすこと。ほかにも、エネルギーを効率的に使う省エネに取り組む、電動車（→P.30）を積極的に導入する、森林を育てて活用するなど、さまざまな取り組みが進んでいるよ。

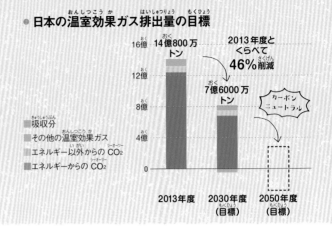

● 日本の温室効果ガス排出量の目標

14億800万トン　2013年度とくらべて46%削減

7億6000万トン

カーボンニュートラル

吸収分
その他の温室効果ガス
エネルギー以外からの $CO_2$
エネルギーからの $CO_2$

2013年度　2030年度（目標）　2050年度（目標）

## 再生可能エネルギーを導入するための取り組みと課題

これから再生可能エネルギーの割合を増やしていくために、日本はどのような取り組みをしているのか、課題とともに見ていこう。

### 発電にかかる費用をおさえる

日本は2012年に固定価格買取制度（FIT制度）を導入して、再生可能エネルギーで発電した電気を、決まった期間、決まった価格で電力会社が買い取ることを義務づけた。再生可能エネルギーを導入すれば、一定の収入が得られるようにしたんだ。このしくみによって太陽光発電所などの設置が進み、発電にかかる費用も安くなったよ。ただ、再生可能エネルギーを買い取る費用は、わたしたちも一部を負担している。発電にかかる費用もまだ高いよ。さらに再生可能エネルギーによる発電を増やし、企業どうしを競わせるなどして、公的な支援や価格をおさえることが必要なんだ。

● 世界の太陽光発電の買い取り価格

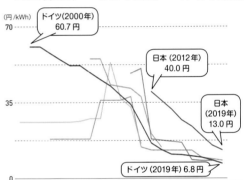

—日本（円/kWh）　—ドイツ（円/kWh）　—イギリス（円/kWh）
—フランス（円/kWh）　—イタリア（円/kWh）　—スペイン（円/kWh）

（円/kWh）
70

ドイツ（2000年）60.7円

日本（2012年）40.0円

日本（2019年）13.0円

35

ドイツ（2019年）6.8円

0

1999 2001 2003 2005 2007 2009 2011 2013 2015 2017 2019（年）

▲ヨーロッパでは、太陽光発電にかかる発電の費用が安くなり、買い取り価格も下がっている。日本では、まだヨーロッパの2倍ほどかかる。

もっと知りたい！

## ▌使う電気は自分で選べる

日本では長いあいだ、地域の電力会社が電気をつくる・送る・売るという、すべての事業を独占していたよ。電気の価格をおさえ、買う側の選択肢を増やすため、国は2000年以降、電気を自由に売り買いできる電力自由化を進めたんだ。新しく発電所をつくったり、電気を売ったりする企業がいくつもできて、電気を売り買いする電力市場も設けられた。再生可能エネルギーの発電所も増えたよ。2016年には、わたしたち個人も電気を選んで買うことができるようになったんだ。

● 電気の流通のしくみ

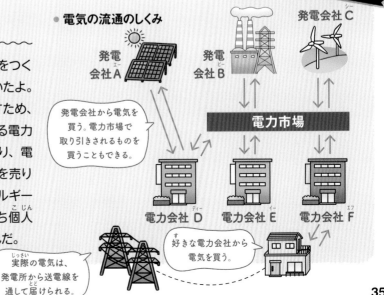

発電会社C

発電会社A　発電会社B

発電会社から電気を買う。電力市場で取り引きされるものを買うこともできる。

電力市場

電力会社D　電力会社E　電力会社F

実際の電気は、発電所から送電線を通して届けられる。

好きな電力会社から電気を買う。

## 蓄電池を設置する

　充電して、電気をためておける蓄電池。再生可能エネルギーで必要な量以上に発電したとき、電気をためておけば、発電できない時間帯や天気のときでも電気を使うことができるよ。いまは価格が高いなどの理由で導入が進んでいないけれど、電気の供給量の調整を火力発電にたよらないためには、蓄電池を再生可能エネルギーとあわせて設置していくことが必要なんだ。

家庭では、電気自動車のバッテリーを活用する方法もあるよ。日中に太陽光発電でつくった電気を電気自動車にためて夜に使うなどすれば、むだなく電気を利用できるね。

## 送電線につなげる再生可能エネルギーを増やす

　電気は発電所から、送電線を通して家庭や工場などに届けられるよ。送電線で送ることができる電気の量（容量）にはかぎりがあり、先に申し込んだ順に、発電所が最大で発電できる電気の量に応じて、容量がふり分けられてきた。いま、日本では送電線の容量にあきがないと言われ、新しく再生可能エネルギーの発電所をつくっても、送電線を使えず、電気を送れない場合があるんだ。送電線を増やすには高い費用がかかるから、まずは送電線の使いかたを見直そうという動きがあるよ。

● 送電線の使いかたの見直し

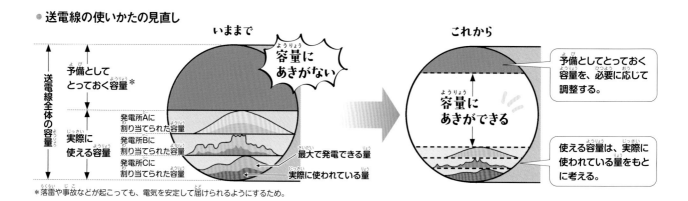

＊落雷や事故などが起こっても、電気を安定して届けられるようにするため。

## 地域をまたいで電気をやりとりできるようにする

　日本では、東北、関西、九州など、地域のなかで電気の需要と供給のバランスを取るしくみになっている。だから、ある地域で電気があまったり、足りなくなったりしても、ほかの地域とはかぎられた量の電気しかやりとりできないんだ。再生可能エネルギーは発電量が安定せず、発電所をつくれる場所にもかたよりがある。ほかの地域と、もっと自由に電気をやりとりできるよう、地域をつなぐ送電設備を増やす必要があるよ。

● 地域どうしをつなぐ送電網

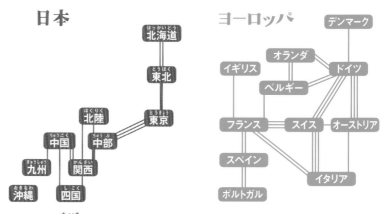

▲日本は地域どうしのつながりがかぎられている。一方、ヨーロッパでは、国どうしをつなぐ送電網が網目のように広がり、国をこえて電気をひんぱんにやりとりしている。

# 省エネを徹底する

エネルギーを効率よく使うことで、消費するエネルギーの量を減らすことを、省エネルギー(省エネ)というよ。日本がとくに力を入れているのは、建物の省エネの性能を高めること。省エネの性能を高めたうえで、太陽光発電などの再生可能エネルギーで発電して、使うエネルギーよりつくるエネルギーが上まわる建物・ZEB(Net Zero Energy Building)や住宅・ZEH(Net Zero Energy House、→3巻)が少しずつ増えているんだ。

省エネについては、わたしたち一人ひとりのくらしのなかでの取り組みももとめられているよ。くわしくは3巻を見てね!

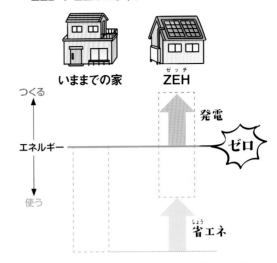

● ZEB や ZEH のしくみ

▲ 省エネの家電製品や照明、ガス機器を使う、断熱の性能を高めるなどして使うエネルギーをできるだけ減らしたうえで、太陽光発電などの再生可能エネルギーで発電して、使う電気をまかなう。

# 電動車の割合を増やす

日本は2035年までに新車販売にしめる電動車(→ P.30)の割合を100%にするという目標を立て、費用を国が一部負担するなど、電動車を買う人を増やそうとしているよ。

2022年に日本で販売された新車のうち、電動車の割合は45.4%。そのほとんどが走るときに二酸化炭素($CO_2$)を排出するハイブリッド車(HV)で、電気自動車(EV)の割合はわずかなんだ。いまは発電にしめる再生可能エネルギーの割合が低く、EV を増やしても、全体として $CO_2$ を排出してしまうという問題もある。

海外では HV やプラグインハイブリッド車(PHV)をふくむ、ガソリンを使って走る自動車の販売を将来禁止すると決めた国や地域も多い。世界的な自動車の製造国でもある日本が、今後どのような自動車をつくり、使っていくのか、大きな分かれ道に立っているよ。

● 世界のEVとPHVの新車販売台数と全体にしめる割合

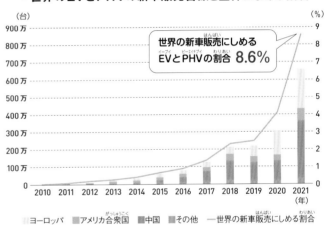

世界の新車販売にしめる
EVとPHVの割合 8.6%

凡例：ヨーロッパ / アメリカ合衆国 / 中国 / その他 / 世界の新車販売にしめる割合

世界全体の新車販売にしめるEVとPHVの割合は、日本の約3倍。とくに販売台数の多い中国とヨーロッパでは、政府が購入費用を手厚く支援するなどして、電気自動車の普及に力を入れてきた。

出典：IEA "Global sales and sales market share of electric cars, 2010-2021"

● 日本で販売された新車にしめる電動車の割合 (2022年)

新車が100台あったら…  EV:1.7%  PHV:1.1%  HV:42.6%  ガソリン自動車:54.6%  燃料電池車:0.02%

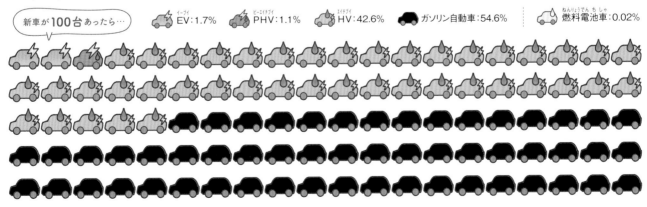

出典：一般社団法人日本自動車販売協会連合会「燃料別販売台数(乗用車)」、一般社団法人 全国軽自動車協会連合会「軽四輪車 通称名別新車販売台数」をもとに算出

## 水素の利用を進める

　日本は、世界に先がけて水素(→ P.40)に注目し、家庭用の燃料電池や、燃料電池車の開発などに力を入れてきたよ。水素ステーションの数も、2030年には1000基ていどに増やす計画が立てられているんだ。

　ただ、国内で化石燃料がほとんどとれず、再生可能エネルギーによる発電も約2割にとどまっているなか、国内でつくられている水素はまだわずか。価格も高いよ。いまは海外からの輸入にたよっているけれど、運ぶためにも費用がかかる。設備だけでなく、水素のつくりかたや価格の問題が解決されるといいね。

▲東京都江戸川区にある、イワタニ水素ステーション東京葛西。燃料電池車や、東京都で導入されている燃料電池バスなどに水素を供給する。

写真提供：岩谷産業株式会社

## 資源やエネルギーを大切に使う

　大量につくって大量に消費する(買って、使って、捨てる)、大量生産・大量消費というくらしかたは、1950年代半ば以降、日本にも広まったよ。ものを使い捨てにすることも増えたんだ。でも、ものをつくり、運び、使って、捨てるまでには、たくさんのエネルギーや資源が必要になる。温室効果ガスも排出されるね。

　そこでエネルギーや資源をできるかぎり大切にして、ごみを出さない消費のありかたをめざす動きが生まれているんだ。これを循環経済(サーキュラーエコノミー)というよ。たとえば2022年4月に施行されたプラスチック資源循環促進法という法律は、プラスチック製品の消費をおさえ、使い捨てを見直すきっかけになっているんだ。

【 いままでの消費のありかた 】

材料を用意する
↓
つくる
↓
使う
↓
捨てる

もののつくりかた、売りかた、使いかたなどを見直す

・ごみが出ないつくりかたをする
・必要なぶんだけつくる

【 循環経済 】

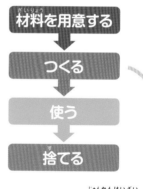

材料を用意する
リサイクルする
つくる
使う

・何度も使う
・シェアリング(→3巻)を活用する

プラスチックごみの問題については、4巻でくわしく紹介しているよ！

### プラスチック資源循環促進法のおもな内容

☑ 使い捨てのプラスチック製品をできるだけ利用しない。

☑ リサイクルするときのことを考えてつくる。

☑ プラスチックを材料に使うのをやめる、もしくは使う量をできるだけ少なくする。

☑ むだな包装をしない、長く使えるようにするなど、出るごみを減らすくふうをする。

☑ しっかり分別して、できるだけリサイクルする。

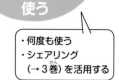

# 森林を適切に伐り、管理し、育てる

日本は世界的にも森林の多い国で、国土の7割近くが森林におおわれているよ*。ところが、日本で使われている木材の約6割は外国から輸入されている。国内の人工林の多くは放置され、いかされていない状態なんだ。森林の$CO_2$をためこむ力も弱っている。一方、外国の森林では、無理な伐採が問題となっているよ。

日本は2030年までに国内で使われる建築用木材の6割以上を国産でまかなうことを目標に、森林を育て、国産の木材の利用を広げる取り組みを進めているんだ。

*林野庁「都道府県別森林率・人工林率（平成29年3月31日現在）」より

● 国内で使われている木材

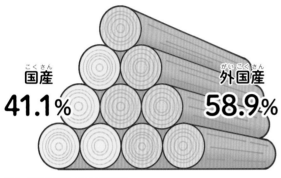

国産 **41.1%**　　外国産 **58.9%**

出典：林野庁「令和3年木材需給表」

> 日本が外国産の木材をたくさん使っているのは、1960年代、太平洋戦争（1941〜45年）からの復興を進めるために大量の木材が必要となり、海外から安い木材をさかんに輸入するようになったことがきっかけだよ。

# 温室効果ガス排出量の取り引きを活用する

二酸化炭素（カーボン・ダイオキサイド、$CO_2$）などの温室効果ガスを削減したり、吸収したりした効果を「カーボン・クレジット」として取り引きするしくみがあるよ。このうち日本が2013年から進めている二国間クレジット制度は、日本がパートナーとなった発展途上国を支援して相手国の温室効果ガスの排出量を減らし、削減できた量をクレジットとして分け合うというものなんだ。日本は得たクレジットを、自国の温室効果ガス削減の目標を達成するために活用しようと考えているよ。

また、企業のあいだでも、クレジットを購入して排出した温室効果ガスのうめあわせ（オフセット）をする、カーボン・オフセットというしくみが利用されているんだ。

> 取り引きの国際的なルールは、まだ話し合いがつづいている段階だよ（2022年末現在）。

> 二国間クレジット制度では、外国の温室効果ガスの排出量は減らせるけれど、日本国内の削減の取り組みが進むわけではないね。国内の排出量を減らす努力をせずに、お金で解決することにならないよう、気をつけてルールづくりをしないといけないね。

● 二国間クレジット制度のしくみ

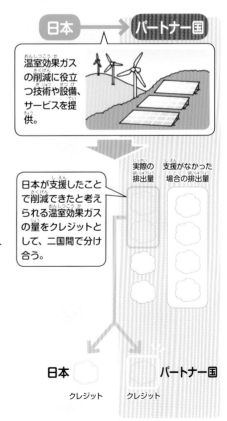

日本 → パートナー国

温室効果ガスの削減に役立つ技術や設備、サービスを提供。

実際の排出量　支援がなかった場合の排出量

日本が支援したことで削減できたと考えられる温室効果ガスの量をクレジットとして、二国間で分け合う。

日本　　パートナー国

クレジット　クレジット

# もっと知りたい！
# 〜水素がエネルギーになるってほんと?〜

水素は、燃やしても水しか出さない気体だよ。化石燃料のかわりに火力発電や自動車などの燃料として使えば、温室効果ガスの排出量を減らせると期待されているんだ。

ただ、水素は地球上ではほとんどが酸素と結びついて水として存在している。水素だけの状態にするには、人工的に取り出す必要があるんだ。取り出すにはたくさんのエネルギーが必要で、方法によっては温室効果ガスが排出される。あつかいにも特別な設備や注意がいるよ。エネルギーや手間がかかるため価格も高く、本格的に利用されるのはもうすこし先のことだと考えられているんだ。

水素に窒素を加えてアンモニアに変え、運んだり、使ったりするという方法も考えられているよ。

## 水素のつくりかた

水素はつくりかたによって、おもにグレー、ブルー、グリーンの3種類に分けられる。いままでおもにグレー水素が利用されてきたけれど、これからはより環境にやさしいブルー水素やグリーン水素の利用が増えると言われているよ。

化石燃料　化石燃料

再生可能エネルギーでつくった電気

燃やして得たガスから水素を取り出す

$CO_2$が排出される

排出された $CO_2$ を CCUS（→ P.33）などの技術で回収する。

$CO_2$　$CO_2$　$CO_2$

水

水を電気で分解して水素をつくる

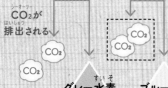

グレー水素　ブルー水素　グリーン水素

## 水素の利用に向けた課題

☑ つくるときや運ぶときに大量のエネルギーが必要。

☑ 価格が高い。

☑ つくりかたによっては温室効果ガスを排出する。

☑ 無色無臭で燃えやすい気体のため、あつかいに注意が必要。

☑ 水素ステーションなどの新しい設備が必要。

## 広がる水素の利用方法

水素はいままでも製鉄やアンモニアの製造、ロケットの燃料などに使われてきたよ。これからは温室効果ガスの排出量を減らす目的でも使っていこうという動きがあるんだ。

### 乗り物の燃料

水素を燃料に発電する燃料電池は、自動車やバスなどに使われている。今後、飛行機や船などでの利用も期待されている。

### 火力発電の燃料

水素を混ぜて燃やす、もしくは100%水素で発電する方法が研究されている。

### エネルギーをためる

再生可能エネルギーでたくさん発電できたとき、その電気で水素をつくってためておけば、好きなときにエネルギーとして使うことができる。

# 第3章

# 地球はこれから
# どうなるの？

いま、世界中でカーボンニュートラルに向けた
取り組みが進んでいるけれど、どんなに努力しても、
地球温暖化の影響は避けられないと考えられているよ。
そこで必要なのが、変化する環境にあわせて、くらしやまちづくり、
産業のありかたなどを見直し、変えていくこと。
これを「適応」といい、パリ協定でも将来の適応のありかたについて、
国ごとに計画を立て、行動に移すことをもとめているんだ。
すでにはじまっている適応の取り組みもあるよ。

## なぜ適応が必要なの？

災害が増える、作物が実らない、感染症が広まるなど、気候変動のさまざまな影響に対してなにもしないでいたら、わたしたちのくらしは成り立たなくなってしまう。温室効果ガスを減らす「緩和」をできるかぎり進めたうえで、避けることができない影響については、しっかり対策をすることが必要なんだ。

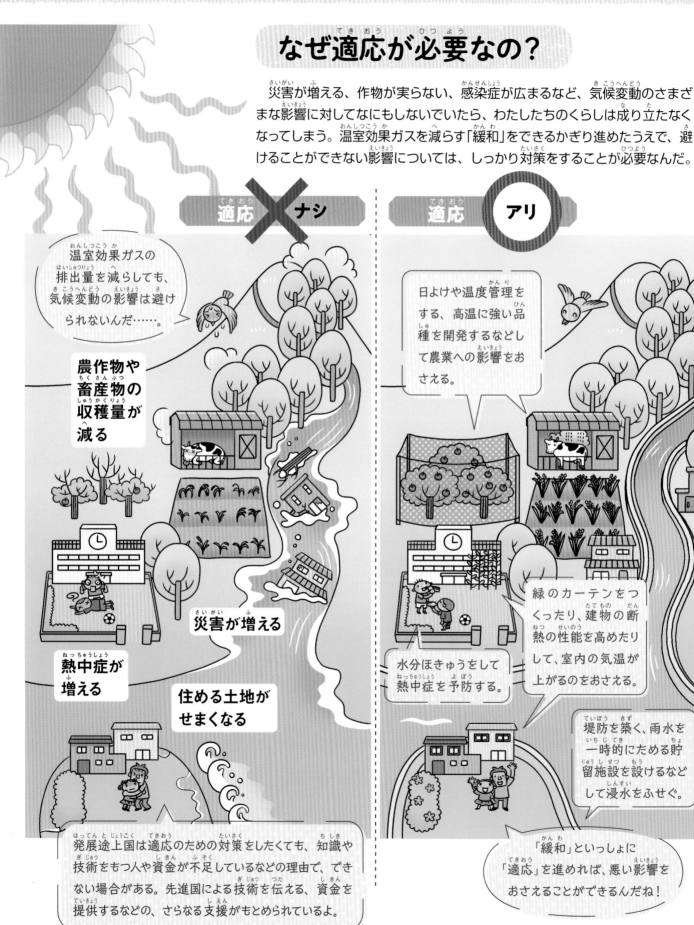

**適応 ✕ ナシ**

温室効果ガスの排出量を減らしても、気候変動の影響は避けられないんだ……。

**農作物や畜産物の収穫量が減る**

**災害が増える**

**熱中症が増える**

**住める土地がせまくなる**

発展途上国は適応のための対策をしたくても、知識や技術をもつ人や資金が不足しているなどの理由で、できない場合がある。先進国による技術を伝える、資金を提供するなどの、さらなる支援がもとめられているよ。

**適応 アリ**

日よけや温度管理をする、高温に強い品種を開発するなどして農業への影響をおさえる。

緑のカーテンをつくったり、建物の断熱の性能を高めたりして、室内の気温が上がるのをおさえる。

水分ほきゅうをして熱中症を予防する。

堤防を築く、雨水を一時的にためる貯留施設を設けるなどして浸水をふせぐ。

「緩和」といっしょに「適応」を進めれば、悪い影響をおさえることができるんだね！

# 温室効果ガスを減らす「緩和」だけでなく
# 温暖化する環境に「適応」する取り組みが必要

温室効果ガスの排出量を減らすことは、地球温暖化による影響をやわらげる「緩和」につながるよ。でも、大気にはいままで排出されたたくさんの温室効果ガスが残っている。だから、カーボンニュートラルを達成しても、将来、地球の平均気温はいまより上がってしまうと考えられているんだ。

そこで必要なのが、温暖化が進んだ地球の環境に「適応」すること。環境の変化にあわせて、わたしたちのくらしかたやまちづくり、産業などのありかたを変えることで、気候変動による悪い影響は減らし、よい影響は最大限にいかそうという考えかただよ。

## わたしたちにできる「適応」の取り組み

わたしたち個人も、「適応」していくことがもとめられているよ。どれも自分や、自分の身近な人を守るために大切なことなんだ。ぜひ、生活に取り入れてみてね。

> どんな「適応」が必要かは、自分の住んでいる地域によっても異なるよね。ほかにはどんなふうに「適応」できるか、考えてみよう!

### 暑さ対策をする

熱中症で多くの人がなくなるなど、暑さは命にかかわる問題になっているよ。夏は日ざしや高い気温から身を守ることを、いちばんに考えて行動しよう。
（例）
▶ 出かけるときには、ぼうしや日傘、サングラスなど、日光をふせぐものを使う。
▶ 水とうを持ち歩き、こまめに水分ほきゅうをする。
▶ 必要なときは、がまんせずエアコンを使う。
▶ 気温が高いときは、無理して出かけたり運動したりしないようにする。

### 感染症をふせぐ

気温が上がったことで、デング熱などの感染症を広める蚊の生息地が広がっている（→1巻）。感染症を広げないためには、さされないようにすること、蚊が卵を産む水場をなくすことが大切だよ。
（例）
▶ 長そでや長ズボンなど、はだがかくれる服装をする。
▶ 蚊よけスプレーや蚊取り器など、蚊をよせつけない薬や機器を使う。
▶ 蚊のすみかとなる雑草をこまめに刈る。
▶ じょうろや植木鉢の受け皿、バケツなど、水がたまるものを屋外に放置しないようにする。

### 災害に備える

地球温暖化の影響で大雨や強い台風、洪水などの災害が増えている（→1巻）。災害にあったときに身を守れるよう、日ごろから準備しておこう。
（例）
▶ 天気予報やニュースをこまめに確認する。
▶ 災害にかかわる情報を教えてくれる防災アプリをダウンロードする。
▶ ハザードマップで避難場所や避難経路、浸水や土砂災害の危険がある場所を確認する。
▶ 非常時に持ち出すものを準備する。

# 日本各地の「適応」の取り組み

日本の国土は南北に長く、地域によって気候はさまざまだよ。自然や産業もそうだね。だから地球温暖化によって受ける影響も地域によって異なり、それぞれの地域に合った「適応」が必要なんだ。ここでは、すでにはじまっている適応の取り組みの例を紹介するよ。自分のくらしている地域ではどうか、調べてみよう。

## 宮崎県

### 乳牛の夏バテをふせぐ

乳牛は気温や湿度が高い環境に弱く、地球温暖化によって牛乳の生産量が落ちてしまうと予測されている。そこで、畜産業がさかんな宮崎県では、県の畜産試験場が中心となり、乳牛が温度や湿度にたいして感じているストレスを見えるようにした「ヒートストレスメーター」を県内の全酪農家に配布したんだ。また、牛舎に冷房を取りつけたり、牛舎の屋根に熱をおさえる特別な塗料をぬったりする研究もおこなわれているよ。

▲子牛と大人の牛では、ちょうどよい温度や湿度が異なるため、2つのメーターが設置されている。

写真提供：宮崎県畜産試験場

## 徳島県

### 高い水温でも育ちやすいワカメの開発

徳島県では昔からワカメの養殖がさかんで、「鳴門わかめ」というブランドのワカメで知られているよ。ところが地球温暖化で海水温が上がったことで、ワカメが育ちにくくなってしまったんだ。そこで県の農林水産総合技術支援センターでは、高い水温にもたえられる新しい品種のワカメを開発したよ。

> わたしたちは暑さに弱いから、海水温の上昇で育ちが悪くなったり、収穫量が減ったりしているんだ。

## 鹿児島県

### サンゴ礁の回復と再生に取り組む

鹿児島県の沖永良部島では、海水温の上昇やサンゴの天敵であるオニヒトデの大量発生などの影響によって、サンゴ礁がどんどん減っているんだ。島の漁業協同組合や知名町サンゴ礁保全対策協議会が中心となって、サンゴ礁の回復と再生のために、オニヒトデやレイシ貝を取りのぞいたり、折れたサンゴをふたたび植え付けたりする活動をおこなっているよ。

◀2023年1月におこなわれたサンゴ礁の植え付け作業。

写真提供：知名町サンゴ礁保全対策協議会

## 北海道

### 上がった気温をいかして さつまいもを栽培

さつまいもは寒さに弱く、夏に気温が上がらないとうまく育たない。だから、おもな産地は九州地方や関東地方で、すずしい地域ではあまり栽培されてこなかったんだ。だけど、いま、北海道では、地球温暖化によって平均気温が上がったことをいかして、さつまいもの栽培に挑戦する農家が増えているんだって。すずしい気候に合った品種の開発など、栽培を後押しする取り組みも進んでいるよ。

▲さつまいもを収穫する農家。 写真提供：北海道立総合研究機構

長いあいだ受けついできた地域の自然や産業、文化は、かけがえのないものだよね。なにを変えて、なにを変えないのか、地域ごとに取り組みが進んでいくといいね。

## 東京都

### 集中豪雨にそなえる 巨大な地下施設

多くの人でにぎわう渋谷は、名前の通りすりばちのような谷の底にあたる部分にあり、雨水がたまりやすい地域だよ。そのため集中豪雨にそなえて、渋谷駅東口の地下25mのところに、雨水をためるための大きな貯留施設がつくられたんだ。最大で4000トンの雨水（6レーンある25mプール9こ分）を、一時的にためることができるんだって！

▲貯留施設の内部。
写真提供：渋谷駅街区土地区画整理事業共同施行者

## 京都府

### 打ち水効果を高める特別なアスファルト

▲石畳風保水性アスファルトで舗装された京都市の小川通。 写真提供：京都市

道路や庭などに水をまく打ち水は、地面の温度を下げて、暑さをやわらげてくれる。古くからおこなわれてきた日本の暑さ対策だよ。京都市には、雨水をたくわえやすく、蒸発しやすい特別な性質をもつ「石畳風保水性アスファルト」でできた通りがあるんだ。晴れた日には、たくわえていた打ち水や雨水が蒸発して、通りの温度が上がるのをおさえてくれるんだって！

### 小学校での 断熱改修の取り組み

適応の取り組みは、学校にも広がっているよ。たとえば建物を改修して、熱を通しにくくする断熱。室内が、夏は暑くなりにくく、冬は寒くなりにくくなるんだ。快適にすごせて、冷暖房の使用もおさえられるね。改修工事を、生徒たち自身でやった学校もあるんだって！

▲東京都葛飾区立清和小学校での改修ワークショップのようす。 写真提供：葛飾区

# パリ協定の目標は達成できるの？

2015年にパリ協定が採択されてからも、温室効果ガスの排出量は増えつづけている。国連環境計画（UNEP）の2022年の発表によると、世界がいまのペースで温室効果ガスを排出しつづけた場合は21世紀末までに約2.8℃、各国がパリ協定をもとに約束した目標を達成しても約2.5℃、19世紀後半とくらべて気温が上昇してしまうんだ。

このままじゃ1.5℃どころか、2℃以下におさえることもできないってこと!?

計画通りに取り組みが進まないなか、すでに行動を起こしている人もいるよ。「地球がたいへんなことになっているのに、大人たちは真剣に取り組んでいない。」と考えたスウェーデンのグレタ・トゥーンベリさんは、15歳だった2018年、学校を休み、ひとりで「気候変動のためのストライキ」というプラカードをかかげてスウェーデンの国会議事堂前に座り込みをはじめたんだ。

グレタさんの活動はSNSを通じて世界中に広まり、地球の危機をうったえるために金曜日に学校をストライキする「未来のための金曜日（Fridays For Future）」という運動がはじまった。日本をふくむ世界各地でたびたびストライキがおこなわれ、合わせて数百万人が参加した日もあったよ。

▲2019年3月15日におこなわれた「未来のための金曜日」のドイツのハノーファーでのようす。この日の学校ストライキは120を超える国ぐにでおこなわれ、合わせて100万人以上が参加した。　写真提供：DPA／共同通信イメージズ

未来を守るために、わたしたちにもできることがあるのかな？

このシリーズの3巻と4巻では、1巻と2巻で学んだことをもとに、わたしたちにできることを紹介しているよ。大人になるまで、待ってなんていられない。わたしたちが声をあげ、行動することが必要なんだ！

3巻と4巻へ！
わたしたちにできることを知ろう、はじめよう！

# さくいん

この本に出てくる重要なことばを五十音順にならべ、
そのことばについてくわしく説明しているページや巻をしめしています。

## 監修

## 藤野純一 （ふじの じゅんいち）

**公益財団法人地球環境戦略研究機関**
**サステイナビリティ統合センター プログラムディレクター**

1972年生まれ、大阪・吹田で育ち、兵庫・西宮で学ぶ。東京大学入学後、修士・博士に進み、2100年の世界を対象としたエネルギーシステム分析で工学博士を取得。国立環境研究所では、主に日本の中長期温暖化対策ロードマップ策定に貢献。地球環境戦略研究機関（IGES）では、特に地域視点のサステイナビリティ実現に向けて国内外の現場を行き来している。

## 参考文献

IPCC第6次評価報告書／「1.5℃ライフスタイル ― 脱炭素型の暮らしを実現する選択肢 ― 日本語要約版」（地球環境戦略研究機関）／「家庭の省エネハンドブック2022」（東京都）／『再生可能エネルギーをもっと知ろう』（岩崎書店）／「脱炭素型ライフスタイルの選択肢　カーボンフットプリントと削減効果データブック」（国立環境研究所・地球環境戦略研究機関、https://lifestyle.nies.go.jp/html/databook.html）／『はかって、へらそう CO₂ 1.5℃大作戦』（さ・え・ら書房）／『やさしく解説　地球温暖化』（岩崎書店）　ほか

| | |
|---|---|
| 指導 | 由井薗健（筑波大学附属小学校） |
| 装丁・本文デザイン・DTP | Zapp! |
| イラスト | 赤澤英子、佐藤真理子、セキサトコ |
| 校正 | 有限会社一梓堂 |
| 編集・制作 | 株式会社童夢 |
| 執筆協力 | 野口和恵 |
| 写真・画像提供 | istock、岩谷産業株式会社、鹿島建設株式会社、葛飾区、株式会社ユーラスエナジーホールディングス、京都市、国立研究開発法人 新エネルギー・産業技術総合開発機構（NEDO）、知名町サンゴ礁保全対策協議会、地方独立行政法人 北海道立総合研究機構、DPA／共同通信イメージズ、東急株式会社、西日本技術開発株式会社、PowerGen Renewable Energy、宮崎県畜産試験場、ロイター＝共同 |
| 取材協力 | 徳島県農林水産総合技術支援センター、独立行政法人 国際協力機構（JICA） |
| 表紙写真提供 | 株式会社ユーラスエナジーホールディングス［風力発電］、清十郎／PIXTA［太陽光発電］、本田技研工業（株）［電気自動車］ |

# 知りたい！ カーボンニュートラル　脱炭素社会のためにできること②
# これからどうする？ 日本と世界の取り組み

2023年4月1日　初版発行

| | |
|---|---|
| 監　修 | 藤野純一 |
| 発行者 | 岡本光晴 |
| 発行所 | 株式会社あかね書房 |
| | 〒101-0065　東京都千代田区西神田３－２－１ |
| | 電話 03-3263-0641（営業）　03-3263-0644（編集） |
| 印刷所 | 図書印刷株式会社 |
| 製本所 | 株式会社難波製本 |

ISBN978-4-251-06738-8

NDC519
藤野純一
知りたい！　カーボンニュートラル
脱炭素社会のためにできること②
これからどうする？ 日本と世界の取り組み
あかね書房　2023　47p　31cm×22cm

# ( 2巻「これからどうする？ 日本と世界の取り組み」 )
# 内容チェッククイズ

**Q1** 2019年に世界で排出された温室効果ガスの量は？
A. 約500万トン　B. 約500億トン
▶▶正解は……P.10 を見てね！

**Q2** 2015年に採択された、温室効果ガス削減に向けた
新しい国際的なわく組みの名前は？
①京都議定書 ②カンクン合意 ③パリ協定
▶▶正解は……P.17 を見てね！

**Q3** カーボンニュートラルを実現するには、人間の活動による温室効
果ガスの排出量と○○量を同じにすることが必要。○○にあて
はまるのは？　①生産 ②吸収 ③運動
▶▶正解は……P.19 を見てね！

**Q4** 日本は何年にカーボンニュートラルを実現することをめざしている？
A.2030年　B.2050年
▶▶正解は……P.20 を見てね！

**Q5** 風力発電機は夜になると発電できない。○か✕か？
▶▶正解は……P.27 を見てね！

**Q6** 燃料電池車は、○○と酸素を反応させてつくった電気で走る自動車。
○○に入るのは？　A. 炭素　B. 水素
▶▶正解は……P.30 を見てね！

**Q7** 海の生き物によって吸収され、ためこまれる二酸化炭素を
レッドカーボンという。○か✕か？
▶▶正解は……P.33 を見てね！

**Q8** 日本がカーボンニュートラルを実現するためには、発電にしめる○
○可能エネルギーの割合を増やすことが必要。
①再生 ②自然 ③採掘
▶▶正解は……P.34 を見てね！

**Q9** 再生可能エネルギーで発電した電気を、決まった期間、決まっ
た価格で電力会社が買い取ることを義務づけたしくみを固定価
格買取制度という。○か✕か？
▶▶正解は……P.35 を見てね！

**Q10** 温暖化が進んだ地球の環境に合わせてくらしや産業などのありか
たを変えていくことを、「緩和」という。○か✕か？
▶▶正解は……P.43 を見てね！